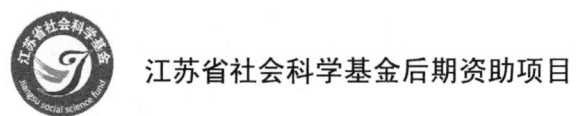
江苏省社会科学基金后期资助项目

零售商通道费的经济学研究

An Economic Study on Slotting Allowance

王 庚 著

南京大学出版社

图书在版编目(CIP)数据

零售商通道费的经济学研究/王庚著. —南京：南京大学出版社,2022.2
ISBN 978-7-305-25433-8

Ⅰ.①零… Ⅱ.①王… Ⅲ.①零售业－商业管理－收费制度－研究　Ⅳ.①F713.32

中国版本图书馆 CIP 数据核字(2022)第 034353 号

出版发行	南京大学出版社
社　　址	南京市汉口路 22 号　　邮　编　210093
出 版 人	金鑫荣

书　　名	**零售商通道费的经济学研究**
著　者	王　庚
责任编辑	王日俊
照　　排	南京开卷文化传媒有限公司
印　　刷	江苏凤凰数码印务有限公司
开　　本	718×1000　1/16　印张 11.25　字数 198 千
版　　次	2022 年 2 月第 1 版　2022 年 2 月第 1 次印刷
	ISBN　978-7-305-25433-8
定　　价	68.00 元

网　　址：http://www.njupco.com
官方微博：http://weibo.com/njupco
官方微信号：njupress
销售咨询热线：(025)83594756

* 版权所有，侵权必究
* 凡购买南大版图书，如有印装质量问题，请与所购
　图书销售部门联系调换

本书出版得到"江苏高校优势学科建设工程立项学科——应用经济学"的资助

书　名：零售商通道费的经济学研究
作　者：王　庚
出版社：南京大学出版社

前　言

20世纪90年代中后期以来，中国经济所经历的一个重大转变是，从短缺经济转变为过剩经济，从卖方市场转向买方市场。在这种市场条件下，由于进入市场的产品超出了买方有支付能力的需求，买方在与卖方的竞争中占据优势。而伴随着同期国内零售产业的迅猛发展和高度集中，这种买方市场格局在商品流通环节尤为突出，掌握销售渠道的大型零售组织较之其上游供应商通常拥有巨大的话语权。在这种情况下，效仿外资零售企业收取通道费成为国内业界普遍采取的经营策略。然而，零售商的通道费行为在国内受到了极大的非议，被称为"物价上升的推手""盘剥供应商利润和消费者腰包的吸金黑洞""超市业的鸦片"和"中国流通领域的怪胎"。那么，通道费是否与物价上涨之间存在严格的相关关系？通道费是否挤压了供应商的利润空间，或者在多大程度上挤压了供应商的利润空间？零售商通道费行为的背后机理是什么？如何对零售商通道费行为进行选择性规制？如何引导零售业盈利模式的转型？对这些问题的回答相当于对零售商收费行为深入细致地"解剖麻雀"，有助于更全面地认识流通渠道利益关系，有助于制定更为合理的流通政策去构建和谐的流通秩序，有助于零售业自身的健康发展，这对于当前建设现代流通体系从而加快形成以国内大循环为主体、国内国际双循环的新发展格局具有明确的现实意义。

本书以国内零售商通道费模式为研究对象，以产业组织理论和博弈论为主要分析工具，综合运用计量分析方法和案例分析方法，在解构当下通道费模式构成要素的基础上，以几类核心通道费用为切入点，系统研究了通道费模式的形成机理和福利效果，并对规制收费和引导转型提出了对策建议。本书分为五部分，共8章，主要内容如下：

第一部分为第1章绪论。这部分介绍了本书的研究背景，界定了研究对象，论述了研究意义，明确了研究方法，阐述了创新点和不足之处。其中，在界定本书的研究对象时，着重介绍了中国情境下通道费的费用结构和收费规则，指出了保底线性通道费（保底返利）和事前一次性通道费（合同费）是通道费模式的核心要素，尤其是保底返利在很大程度上就是通道费的代名词。这些既是本书中理论建模的依据，也为后续研究在有关业内实际情况方面提供了翔实、精练的资料。

第二部分为第2章"通道费的兴起和研究回顾"。这部分首先介绍了通道费在国内外是如何产生并普及的，又在业内引发了怎样的冲突和争议。随后，重点论述了国内外对通道费的理论研究和争论。在国外文献回顾中，打破了所谓的"效率理论"和"市场势力理论"这个早期通道费理论分类标准，而是根据模型阐述的收费机制对国外通道费理论进行归纳总结。在国内文献回顾中，首先明确了国外通道费和中国情境下通道费在概念上的区别和联系，因为正是国内外通道费概念上的含混不清，才导致了国内通道费研究角度零散、范式庞杂的现状。在此基础上，对国内通道费成果按其研究对象的不同进行细致分类，从而在一定程度上改变了国内通道费理论不成体系的现状。最后，对已有的理论成果进行述评，进一步明确本书的研究价值。

第三部分为通道费理论建模，包括第3章"保底线性通道费模型"和第4章"事前一次性通道费模型"。这部分通过对通道费的经济学建模分析，明确了通道费的收费机制和福利效应。在收费机制研究上，分别考察了收取某种通道费时零售商的均衡利润和不收通道费时零售商的均衡利润，并计算二者之差，进而分析了该差值是否恒为正。当差值恒为正时，说明该通道费的收取是零售商的恒定选择；当差值的正负随着外生变量的变化而变化时，说明零售商会基于自身条件和外部环境选择最优的盈利模式。结果是：

对于保底线性通道费,当零售商市场力量较大,运营能力较低,且商品需求对分销服务较为敏感时,倾向于收取这类费用,现实中零售商普遍收取这类费用正是"渠道为王"市场环境下企业的理性选择;对于事前一次性通道费,也易于产生在零售商具有较大市场势力且需求对服务较为敏感的市场环境中,但零售商不会"主动"放弃这类费用,这也解释了为什么"合同费"在西方国家长期存在。在福利效应研究上,计算了各类合约安排下的零售商利润、供应商利润和消费者剩余,发现两类通道费用都提高了价格,挤占了供应商利润,降低了消费者剩余。

第四部分包括第 5 章计量分析和第 6 章案例研究。这部分通过实证方法验证了上一部分理论模型的主要结论。其中,第 5 章通过计量方法具体研究了通道费对上游供应商和下游消费者的影响。在通道费对供应商影响的问题上,通过 DID(difference in difference)方法考察在通道费普及之后,制造商的利润是否受到了显著影响。为了使分属不同行业的对照组和控制组能够被视为来自同一总体,研究中加入了诸多控制变量,其中包括企业的全要素生产率(TFP)。结果表明,通道费的普及降低了制造商利润,我们甚至发现通道费的普及使相关制造商利润降低了约 1.3 个点。在通道费对消费者影响的问题上,以商品零售价格指数(RPI)为研究对象,通过 ARMAX 模型探究了商品零售价格指数的数据生成机制(Data Generating Process),发现在通道费普及之后,商品零售价格指数的 DGP 发生了变化,从仅随原料价格的波动而波动,变为既随原料价格波动而波动,又随时间线性增长,通道费的提价效应由此证明。第 6 章以武汉中百超市为例,对零售企业盈利模式转型实践进行了案例研究。结论是,现实中的零售企业盈利模式的选择和转型与本书理论研究的预判高度一致。

第五部分包括第 7 章政策建议和第 8 章总结与展望。这部分首先介绍了国内外通道费规制的经验,指出了当前我国商业规制体系中存在的问题,并提出对策建议,其次讨论了政府应如何引导零售业盈利模式的转型。最后,提炼全书结论,指出研究不足之处,以及进一步研究的方向。

总体而言,本书是用现代经济学的方法研究中国本土的商业问题,并在零售业盈利模式的形成机理和福利效果上得出了与经济直觉相符,与业内实践吻合,并对政府规制策略的制定具有一定理论指导意义的结论。同时,本书中的理论建模方法和计量研究思路也可以为后续商业经济研究提供借鉴。当然,由于经济现实的复杂性,本书研究仍有一定局限性,如理论模型中的市场结构设定还可以进一步拓展,涉及的零售商业模式要素还可进一步扩充等,这也是未来进一步研究的方向。

目 录

第1章 绪 论 ··· 001
  1.1 研究背景 ··· 001
    1.1.1 现代流通体系建设 ··· 002
    1.1.2 工商渠道冲突 ·· 002
    1.1.3 物价水平走高 ·· 004
    1.1.4 零售业盈利模式转型 ··· 005
  1.2 研究对象及其界定 ··· 005
    1.2.1 通道费的收费主体 ··· 005
    1.2.2 通道费的费用结构 ··· 006
  1.3 选题意义 ··· 010
    1.3.1 理论意义 ··· 010
    1.3.2 现实意义 ··· 012
  1.4 研究思路和研究方法 ··· 013
    1.4.1 研究思路 ··· 013
    1.4.2 章节安排 ··· 014
    1.4.3 主要研究方法 ·· 016
  1.5 创新点和不足 ·· 017
    1.5.1 本书的创新点 ·· 017
    1.5.2 本书的不足之处 ··· 018

第2章 通道费的兴起和文献回顾 ································ 020
2.1 通道费的兴起 ·· 020
2.1.1 通道费在美国的兴起 ··· 020
2.1.2 通道费在国内的兴起 ··· 021
2.2 国外研究综述 ·· 023
2.2.1 信息经济学范式的通道费研究 ································ 024
2.2.2 产业组织理论范式的通道费研究 ···························· 026
2.3 国内研究综述 ·· 031
2.3.1 特定种类的通道费研究 ·· 032
2.3.2 通道费模式研究 ·· 036
2.4 研究评述 ·· 040
2.4.1 已有研究成果总结 ··· 040
2.4.2 已有研究的不足之处 ··· 044
2.5 本章小结 ·· 045

第3章 保底线性通道费研究 ··· 046
3.1 保底线性通道费及其基本逻辑 ·· 046
3.2 保底线性通道费模型 ·· 050
3.2.1 模型框架 ··· 050
3.2.2 模型求解 ··· 053
3.2.3 保底线性通道费的形成机理 ··································· 056
3.3 从保底线性通道费的形成机理看零售业盈利模式的转型 ······· 062
3.3.1 零售商盈利模式转型的定义 ··································· 062
3.3.2 零售业盈利模式的选择和转型 ································ 063
3.4 政策建议 ·· 065
3.5 本章小结 ·· 066

第4章 事前一次性通道费研究 ········· 067
4.1 纳什谈判下的两部收费模型 ········· 067
4.2 从两部收费模型到通道费模型 ········· 071
4.2.1 基本模型 ········· 072
4.2.2 固定费的实现:代理费还是通道费? ········· 075
4.2.3 价格和分销服务 ········· 077
4.2.4 福利效应 ········· 085
4.3 事前一次性通道费和保底线性通道费的比较 ········· 093
4.4 本章小结 ········· 095

第5章 通道费福利效应的实证研究 ········· 096
5.1 通道费普及的时间节点 ········· 097
5.2 通道费对价格影响的实证研究 ········· 099
5.2.1 数据处理、描述性统计和建模依据 ········· 099
5.2.2 ARMAX模型下的通道费 ········· 104
5.3 通道费对供应商利润影响的实证研究 ········· 107
5.3.1 数据结构 ········· 108
5.3.2 模型设定和全要素生产率的估计 ········· 111
5.3.3 实证结果 ········· 116
5.4 本章小结 ········· 119

第6章 通道费模式案例研究 ········· 121
6.1 通道费产生机制的案例分析 ········· 122
6.2 零售商盈利模式转型的案例分析 ········· 124
6.2.1 案例描述 ········· 125
6.2.2 构念测度、数据收集和数据编码 ········· 126
6.2.3 案例分析 ········· 129

6.3 本章小结 ……………………………………………………… 133

第7章 通道费问题的对策建议 …………………………………… 134
7.1 国内外规制经验 ………………………………………………… 134
  7.1.1 国外规制经验 …………………………………………… 134
  7.1.2 国内规制经验 …………………………………………… 138
7.2 国内通道费规制存在的问题 …………………………………… 141
  7.2.1 通道费规制主体缺失 …………………………………… 142
  7.2.2 通道费规制法律依据不健全 …………………………… 142
7.3 通道费规制的对策建议 ………………………………………… 144
  7.3.1 健全规制主体 …………………………………………… 144
  7.3.2 实施选择性规制 ………………………………………… 145
  7.3.3 鼓励引导转型 …………………………………………… 148
7.4 本章小结 ………………………………………………………… 150

第8章 基本结论及研究展望 ……………………………………… 152
8.1 基本结论 ………………………………………………………… 152
8.2 研究展望 ………………………………………………………… 154

参考文献 ………………………………………………………………… 157

第1章 绪 论

1.1 研究背景

自1991年国内第一家超市"联华超市"开业以来,连锁超市这一零售业态已经历了30年的高速发展。2019年,仅国内超市业"百强"的销售规模就已高达9 792亿元,占全年社会食品零售总额的18.1%。在抗击新冠肺炎疫情中,超市业在保障物资供应方面发挥了重要作用。可以说,以超市为代表的零售业已成为当今社会引导生产、服务消费、保障民生的重要载体。但与超市业整体发展壮大相悖的是,经历数十年高速发展和规模扩张,本土超市当前仍以区域性零售企业为主,少有跨省发展,更没有大型跨国零售企业。这背后的原因当然是复杂的,但核心因素是本土超市在商业模式上普遍采取了所谓的"通道费模式",即弱化商品买卖,而通过收取各类通道费实现盈利,同时,依靠节约的垫付资金和占用的供应商货款,快速扩张渠道网络。这一粗放型的发展模式虽然在短时间内帮助零售商建立了渠道优势,稳固了市场地位,但弊端也是显而易见的:零售商有了通道费这一稳定的收入来源,便不再专注于商品采购、品类管理、市场推广等商业核心能力的培育,商业本领日益丧失。最终,零售商只能依靠网点建设形成的先发优势在某一区域市场立足,而无法凭借核心竞争力参与更广范围的商业竞争。在一定程度上,由于通道费模式,国内零售企业成长受阻,已落入"中等规模陷阱"。同时,由于通道费也是对供应商的压榨,并直接提高了商品流通成本,通道费模式引发了极大非议,被称为"物价上升的推手""盘剥供应商利润和消费者腰包的吸金黑洞""中国流通领域的怪胎"。那么,通道费是否与物价上涨之间存在严格的相关关系？通道费是否挤压了供应商的利润空间，或者在多大程度上挤压了供应商的利润空间？零售商通道费行为的理论机理是什么？如何对零售商通道费行为进行选择性规制？如何引导零售业盈利模式的转型？对这些问题的回答相当于对零售商收费行为深入细致地"解剖麻雀"，有助于更全面地认识流通渠道利益关系，有助于制定更为合理的流通政策去构建和谐的流通秩序，有助于零售业自身的健康发展，这对于当前建设现代流通体系从而加快形成以国内大循环为主体、国内国际双循环的新发展格局具有明确的现实意义。

1.1.1　现代流通体系建设

2020年9月9日，习近平总书记主持召开中央财经委员会第八次会议，专门研究畅通国民经济循环和现代流通体系建设问题，强调以国内大循环为主体、国内国际双循环的新发展格局离不开高效的现代流通体系，必须把这项工作上升为战略任务来抓。会议还强调，"要完善现代商贸流通体系，培育一批具有全球竞争力的现代流通企业"。国家"十四五"规划进一步提出，深化流通体制改革，畅通商品服务流通渠道。建设现代流通体系，有赖于完善的流通制度体系、良好的政策环境、和谐的流通秩序，有赖于现代流通体系高质量发展的微观基础坚实有力，尤其有赖于零售企业的发展壮大和竞争力提升(宋则，2018)①。在此背景下，探究零售商盈利模式的形成机理和经济后果，为相应的政策规制和引导提供依据，从而推动构建和谐的工商关系，推动零售业健康发展，是现代流通体系建设的内在要求。

1.1.2　工商渠道冲突

从历史的角度来看，工商矛盾并不是原来就有的，因为传统商人作为分

---

① 宋则.筑牢现代流通体系高质量发展的微观基础[J].中国流通经济，2018，32(12)：14-19.

工经济性的产物,加快了资本周转,节约了流通费用。并且,无论是资本主义社会还是社会主义社会,很长时间里,产业支配着商业,而不是相反的。工商之间的冲突,是伴随着商业企业的发展壮大和市场集中度的提高而产生的,"通道费"作为零售业集中度提高的结果,则是工商矛盾的焦点所在。在美国,早在21世纪初,就有供应商协会要求美国联邦贸易委员会就通道费问题发起调查。在中国,由于种种原因,零售商收取的通道费名目繁多,数额庞大,且收费极不规范,通道费导致了激烈的渠道冲突,并引发了极大的社会关注。

通道费问题进入公众视野始于著名的"家乐福风波"。2003年,上海炒货协会由于和家乐福关于通道费的谈判破裂,其名下的十家炒货企业集体停止向家乐福供货,一时轰动全国。自此事件起,通道费引发的渠道冲突在随后十多年间层出不穷。2005年北京地区六家冷冻食品供应商因和物美超市在合同续签费上的分歧,一度被物美通知"清退",六家冷冻食品供货商最终妥协。2010年联华超市因在扣点问题上和卡夫食品没有谈拢,将卡夫旗下全系列产品从联华系统内的2 000多家直营店下架。2013年北京金天坛食品有限公司因超市收取的通道费数额巨大,且零供合同语焉不详,一纸诉状将物美超市告上法庭。央视"经济半小时"节目对该事件做了专题报道[①],从而使零售商的收取通道费行为再次被推上了风口浪尖。大中型供应商和零售商之间的矛盾尚且如此,小型供应商由于通道费问题被"封码"、下架和清退的现象更是极其普遍。

针对通道费导致的渠道冲突,政府有关部门做了大量努力。商务部曾于2006年出台《零售商供应商公平交易管理办法》,对零售商的通道费行为进行规制,但该《办法》并没有起到预期的规范零售商行为、缓和零供矛盾的作用。一方面,该《办法》缺乏足够的法律效力,难以作为法院判决的依据;另一方面,"上有政策,下有对策",零售商可以通过改变费用的名目规避《办法》的限制。对此,商务部又于2015年启动《零售商供应商公

---

① 见2013年10月29日央视财经频道"经济半小时"《聚焦流通困局,进不去的超市》节目。

平交易管理条例》的立法工作①。或由于通道费相关理论研究滞后,立法工作缺乏依据,该法规至今仍未正式出台。在这个意义上,本书的研究更显迫切。

1.1.3　物价水平走高

数据显示,从通道费在业内普及至今,中国同期物价水平尤其是食品价格水平经历了一个显著的上升过程。2002—2019 年,中国 CPI 总水平累计上涨54.5%,年均上涨 3.2%。同期食品价格累计上涨 146%,年均上涨 8.6%,是 CPI 总水平涨幅的 2.7 倍。尤其是,约从 2003 年开始,食品消费价格指数快速攀升,并与 CPI 总水平走势相分离(见图 1-1)。一些观点认为,通道费是物价上升的重要推手:通道费的普及使得超市供应商不得不提高价格应对,进而导致与超市相关的食品价格显著提升,最终带动了总物价水平的提高。那么,通道费是否抬高了终端零售价? 或者说,物价水平尤其是食品价格的上涨与通道费行为是否存在因果关系? 本书将通过严格的理论推导和规范的实证研究,系统地论证这一问题,从而对通道费是否损害了消费者福利这个核心问题作出回答。

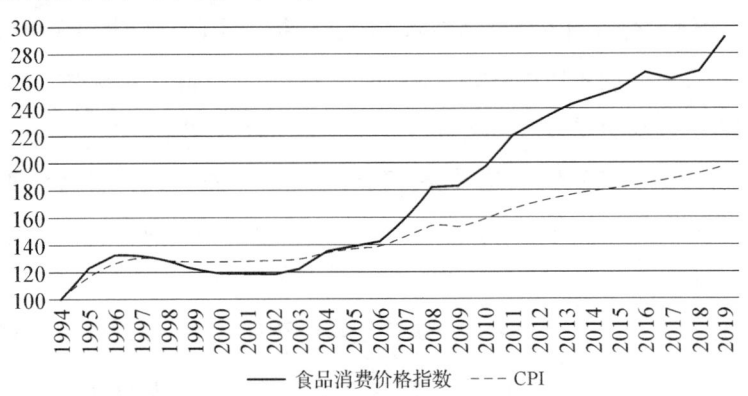

图 1-1　1994 年以来的商品价格指数

---

① 见商务部《2015 年规范市场秩序工作要点》(商办秩函〔2015〕77 号)。

1.1.4 零售业盈利模式转型

盈利模式是企业利润来源的路径组合。以超市为代表的零售业的盈利模式大致可以分为两种,一种是以赚取进销价差为单一利润来源的传统盈利模式,另一种是既赚取购销价差,又向供应商收取其他费用的综合盈利模式。在业内,购销价差产生的利润被称为前台毛利,向供应商收取的其他费用被称为通道费或后台毛利。由于后台毛利在总利润中的比重较大,甚至成为部分零售商的主要利润来源,当下国内零售业"前台毛利+后台毛利"的盈利模式也被称为"通道费模式"。这种盈利模式在家乐福进驻中国之后,被本土零售商普遍效仿并长期沿用。但近些年来,关于零售业盈利模式,业界无论是在观念上还是在实践上都发生了一些变化:2015年1月9日,在中国连锁经营协会和华润万家有限公司的提议下,来自华润万家、家乐福、宝洁、伊利、立白等11家企业高层在深圳湾召开会议,探讨未来零供关系健康发展的路径,达成以"建立有利于提高供应链效率的零供公平交易条款,回归简单的买卖关系"为主要内容的"深圳湾共识"。同期,武汉中百、合肥乐城等零售企业因在盈利模式上摒弃通道费的率先转型,获得了中国连锁经营协会零售创新大奖。那么,零售企业为什么开始主动摒弃通道费?零售企业选择某种盈利模式的背后机理是什么?解释国内零售业这一新现象、新问题将是本书的任务之一。

1.2 研究对象及其界定

1.2.1 通道费的收费主体

对通道费收费主体的界定离不开"通道费"一词在现实中约定俗成的使用语境。在国外,通道费(slotting allowance)的收费主体是明确的,即连锁超市，而其中又以食品超市最为普遍。国内的情况大体相同。无论是业内在谈到通道费时的实际关切，还是政府相关政策的指向性，主要都是超市业的收费行为。或许是由于这类零售组织具备一定的双边市场特征，一些学者在研究对象上将超市业的通道费和百货业（典型的双边市场）的收费行为等同起来，进行所谓的"多业态通道费研究"。事实上，百货业和超市业的收费行为完全是两个概念，前者是联营制零售商收取的租金，该租金是零售商的单一利润来源，而后者是自营制零售商收取的后台费，与其由购销差价形成的前台收入相对应。虽然百货业的租金在形式上和超市通道费有相似之处，但二者分属于不同的商业模式。联营制下的租金向来不是业内和媒体诟病的焦点，也不是政府在通道费问题上的规制对象，因为商业租金是联营制的必然产物，且联营和自营这两种模式本身没有优劣之分。因此，在通道费收费主体的界定上，必须排除以百货为代表的联营制零售商。

另外，通道费的收取虽然以超市业为主，但一些书店、药店以及电器卖场等自营制零售组织[①]也是通道费的收费主体。这些零售组织的共同特点是，在通过购进、售出赚取购销差价的同时，通过向供应商收取后台费作为另一利润来源。因此，本书将通道费的收费主体界定为"以超市为代表的传统零售商"，其中"传统"一词指这类零售企业具备严格意义上零售商的必备特征——先买后卖。

1.2.2　通道费的费用结构

国内通道费的费用结构有一个演化的过程，其中上文提到的《办法》的出台大约是该演化过程的分水岭。早期的通道费收费科目十分庞杂，而《办法》的出台迫使零售商取消了一些收费科目，同时提高了另一些科目的费率或额度。针对早期通道费复杂的费用结构，刘向东、沈健（2007）做了一个较

---

① 现实中这类零售组织可能兼具自营和联营两种模式，即在部分商品上自营，同时又出租一些场地实行联营制。本书中为叙述方便，不作正式的区分。因此，本书中的自营制零售商，既指纯自营制零售企业，也指混合模式零售企业中的自营部分。

为科学的、被广泛引用的分类①,见表 1-1。

表 1-1 早期通道费分类

费用类型		新产品	成熟产品
与商品销售额相关的通道费	预先一次性收取的通道费	条码费、进场费	堆头费、货架费
	与销售额相关的非线性通道费	销售保底费	促销服务费、折扣促销费
	与销售额相关的线性通道费	销售返利	
与商品销售额无关的通道费		节庆费、店庆费、新店开业费、合同(续签)费	

早期通道费的庞杂程度从表 1-1 中可见一斑。在《办法》出台后,除了促销服务费、堆头费、端头费这类零售商基于向供应商提供的显性服务所收取的费用外,其他各类通道费原则上是被禁止的。但如前所述,《办法》所带来的影响只是迫使零售商调整了收费科目。根据笔者在零售企业的调研以及与行业协会的交流了解的情况来看,当前通道费主要由三部分构成,它们分别是一次性通道费②、线性通道费和优质货架费。详细的分类标准见表 1-2。

表 1-2 业内通道费分类

费用类型		费用科目
与商品销售额无关的通道费	一次性通道费	新品费、合同费
	优质货架费	端头费、堆头费、海报费
与商品销售额相关的通道费	线性通道费	销售返利

通过表 1-2 可以看出,当下的通道费结构较之早期通道费已明显精简。本书将从上述费用科目中有选择地进行研究。选择的标准有二:第一,该费用是渠道冲突的焦点;第二,该费用的形成机理和福利效应在理论界尚

---

① 刘向东,沈健.我国的通道费:理论发展与规制策略[J].管理世界,2007,(07):164-165.
② "一次性通道费"是国内学者对这类通道费的习惯性称法。实际上,这一称法并不十分准确,因为"优质货架费"也是一次性收取的。在国外文献中,这类通道费的另一个提法是 upfront payments(预付费)。

无定论。下文将分别进行论述。

标准一保证了相应研究的现实价值。如果某类通道费用在现实中不存在争议，那它必然缺乏一定的研究价值。在上述费用中，优质货架费的收取是最无争议的。零售商通过给供应商提供优越的陈列位置，印发宣传海报，既提高了供应商产品的销量，又为供应商提供了广告服务。零售商据此收取一定费用在直观上是合理的。另外，这类费用数额相对较小。根据笔者的调研，一个单品一期海报的费用大约在三千到四千元，一期端头或堆头的费用与其大体相当。在这个收费标准下，供应商竞相争取使自己商品成为海报商品，或拿到端头、堆头的陈列权。但海报商品的数量和端头、堆头的数量是有限的，零售商需要在提出诉求的供应商中进行筛选。从这个过程可以看出，在优质货架费上不存在零售商对供应商的挤压，且优质货架费可以视为供应商主动向零售商支付的广告费。这也是《办法》明确指出该类费用不在规制范围内的原因。基于此，我们将优质货架费排除在本书的研究对象之外。

标准二保证了相应研究的理论价值。如果某类通道费用的前因后果在理论界已是一个成熟的研究领域，则它就缺乏进一步研究的价值。作为新品费的一次性通道费就是这样一类费用。国外理论界已对该类费用作了大量研究，并构成了所谓"效率理论"的主体。这类通道费研究的结论是一致的：它是零供双方解决新产品信息不对称问题或分担销售风险的手段。新品费的这种作用机制也决定了它在业内不会存在较大的争议，《办法》也没有对该类费用进行规制。基于此，我们将新品费排除在本书的研究对象之外。

销售返利和合同费将构成本书的主要研究对象。首先，这两类费用是零供矛盾的焦点，从收费额度和收费规则上可以看出这一点。在收费额度上，这两类费用构成了零售商后台费的主体。其中，销售返利一般为终端销售额的4%—10%，而合同费大约为每个供应商每年6—10万，这些显然是一笔庞大的费用。在收费规则上，销售返利存在一个保底销售额，即当销售额未达到保底销售额时，仍按保底销售额收取返利；而合同费则是在零售商并未承担任何合同签署成本或提供任何服务的情境下强制收取的。因此，

第 1 章　绪　论

无论是销售返利,还是合同费,在直观上都是零售商运用市场势力压榨供应商的体现,从而成为渠道冲突的根源。其次,理论界对这两类费用的研究也是极其不充分的。对于销售返利来说,由于这种线性通道费不属于国外"通道费"的范畴,因此没有获得国外理论界的专门研究,而国内相关的研究在基本假定上与业界现实相去甚远,既没有正确设定返利的形式,也没有考虑到"保底"的存在。对于合同费,虽然国内外的一些通道费研究可以被认为与业内的"合同费"相对应,但该类通道费研究的理论模型往往建立在比较特殊的市场结构假设之上[1],从而削弱了相应理论的普适性。出现这种情况的原因是,理论界在研究零售商的收费行为时,少有考虑到零售业的产出是"商品+服务"的组合,即没有考虑到零售商所提供的分销服务,从而陷入了寻找"通道费在何种市场结构下会产生"的研究困境。总之,销售返利和合同费在实践上是渠道冲突的焦点,在理论上也没有得到充分研究。基于此,我们把这两类费用设定为本书的主要研究对象。值得一提的是,在现实的零供谈判的过程中,只有销售返利和合同费是在年度主合同文本中事先约定的,该合同一旦形成,则零售商的年度后台毛利就可以预期了。在这个意义上,我们可以认为销售返利和合同费即构成所谓的通道费。

至此,本书的研究对象已界定完毕。总的来说,本书研究的是以超市为代表的传统零售商在通道费上的收费机制和相应的福利效应。其中的通道费是一个广义上的概念,它主要包括业内的销售返利和合同费。另外,为保证本书研究对象在措辞上与理论界的习惯性称法基本一致,在大多数语境下,我们将销售返利称为"保底线性通道费",以表示这类通道费的收费规则是当销售额达到保底额时,通道费与销量线性相关;而将合同费称为"事前一次性通道费",以表示这类通道费是在"事前"一次性收取的[2]。表 1-3 概括了本书研究对象在书中的称法、理论界相应的惯用称法以及和现实中具

---

[1]　如董烨然(2012)在一个大供应商、一个大零售商、n 个小零售商的市场结构下研究了一次性通道费的收费机制和福利效应。

[2]　与合同费不同,新品费和优质货架费一般是在事中(如年中的某一时刻)收取的。因为在"事前"供应商不清楚本年度有多少种新产品投放市场,也不清楚其产品能够上几期的端头或海报。在这个意义上,我们也可以把新品费和优质货架费称为"事中"一次性通道费。

体费用的对应关系。

表1-3 本书主要研究对象及其称法

业内收费科目	理论界惯用称法	本书相应称法
销售返利	线性通道费	保底线性通道费
合同费	一次性通道费	事前一次性通道费

最后,在零售商的后台收入中,有一种费用我们仍未提及,即极少数强势生产商出于排挤竞争对手或激励零售商提供更多分销服务的考虑主动向零售商给予的无保底销售返利。由于这类费用并非零售商主动收取,与业内的零供矛盾无关,且占比很小,因此不在本书的研究范围之内。

1.3 选题意义

1.3.1 理论意义

本研究的理论意义是充分的,这主要体现在对国内通道费理论体系的贡献和对通道费所属的经济学分支的贡献。

国内通道费理论研究自吴小丁(2004)发表《大型零售店"进场费"与"优势地位滥用"规制》一文起,已经历十多年的发展和沉淀。但是,国内通道费研究远未形成一个完备的理论体系。首先,国内通道费理论界对通道费的概念界定不清,这使得大量冠以"通道费"的研究实际上有着截然不同的研究对象。例如,一些学者将中国情境下的通道费与国外的通道费视为同一概念,并进行了和国外理论界一脉相承的研究;一些学者则完全抛开国外的研究成果,对中国情境下的通道费进行本土化的研究。又如一些学者研究的是某类具体的通道费用,而另一些学者则研究作为一种盈利模式的"通道费模式",甚至有一些学者将对联营制的研究冠以"通道费研究"。可见,由于对通道费的概念界定不清,以及对中西方通道费的异同不明确,已有的通道费理论研究角度零散、研究范式庞杂,相互之间缺乏连贯性和可比性。其次,国内通道费理论研究的方法论较为匮乏,如大量学者通过 Rochet 和 Tirole(2003)以及 Armstrong(2003)等建立的双边市场理论研究通道费问题,理由是超市具备"交叉网络外部性"(indirect network effects)这个双边市场特征。但双边市场理论的集大成者 Hagiu(2015)在定义双边市场时,明确指出超市不是双边市场,且以超市为反例论证了用交叉网络外部性定义双边市场的不完备之处①。另外,一些学者尝试通过对现象的归纳总结和逻辑推演去发现通道费的收费逻辑,但这类研究的论证过程往往不十分严谨,从而难以为行业发展和政府规制提供较明确的、有针对性的指导。最后,由于理论界对业界实际情况的了解不够,这一方面使绝大多数通道费研究没有明确其成果究竟适用于现实中的哪类通道费用,而只是泛泛地指出政府应对"通道费"采取何种态度;另一方面使一些研究的基本设定严重脱离现实情况,如对于线性通道费(业内有时也称"扣点")的研究,学者们要么将其设置为供货商货款的一个比例,要么将其设置成固定数额,而实际上"扣点"是上文所说的终端销售额的一个比例。总之,国内通道费理论虽然研究成果众多,但总的来说,范式庞杂、方法匮乏、结论零散且针对性不强,并没有形成一个完备的理论体系。

对于通道费理论界的上述情况,本书将在明确中西方通道费异同的基础上,对国内有价值的通道费理论成果进行系统的归纳总结,从而使现有的理论成果具备一定的体系性。而本书对作为销售返利的保底线性通道费和作为合同费的事前一次性通道费的专门研究将丰富通道费理论成果,并在方法上为后续研究提供思路。

另外,一个值得思考的问题是,通道费在一般意义上隶属于什么经济学范畴。对该问题的回答将明确本书对通道费相对应的经济学分支的贡献。在麻省理工学院出版社出版的 *Handbook of Antitrust Economics* 一书中,由 Patrick Rey 和 Thibaud Vergé 合作撰写的 *The Economics of Vertical*

---

① Hagiu A, Wright J. Multi-sided platforms [J]. *International Journal of Industrial Organization*, 2015, 43(11): 162-174.

Restraints 一文在开篇已就该问题给出了明确的答案。他们写道：Most relationships between producers and distributors consist of sophisticated contracts using more than the simple linear pricing rules. Instead, they are often governed by contractual provisions, referred to as vertical restraints, that not only set more general terms for payments (two part tariffs, quantity discounts, <u>royalties</u>, <u>slotting allowances</u>), but also include…由此可见，如果零供之间的合同结构超出了简单的线性定价，则就可以纳入"纵向约束"的范畴，且扣点（royalties）和"通道费"（slotting allowances）是典型的纵向约束行为。因此，本书对销售返利（即扣点）和合同费的研究即是对零售商纵向约束行为的研究。并且，在对销售返利的研究中，我们根据中国零售业的实际考虑了保底销售额的作用，并最终揭示了中国零售业盈利模式的选择机理；而在对合同费的研究中，我们考虑了零售商提供分销服务对通道费的影响，从而建立了更具一般意义的一次性通道费模型。这些研究成果可以视为对纵向约束领域的理论贡献。

1.3.2 现实意义

本书的现实意义主要体现在，通过对通道费形成机理和经济后果的研究和评估，为相关的规制和引导提供依据，从而促进公平交易环境的形成和工商关系的和谐，推动零售商转型升级和竞争力提升，助力现代商贸流通体系建设。

首先，零售企业作为连接上游供应商和下游消费者的商业组织，其经营策略会影响到上游供应商的生存和下游消费者福利的损益。通道费作为业内仍普遍采取的经营策略，其收费机理是什么？是否挤占了供应商利润？是否提高了终端零售价格？不仅是重要的理论问题，更是事关政策导向的重要现实问题。本书则尝试在对业内实际充分了解的基础上，从某些角度对上述问题作出回答，为相应的规制策略提供参考，推动相关流通制度的建立和完善。

其次，本书将通过对通道费模式的经济学分析，揭示以超市为代表的传统零售商盈利模式的选择机理,解释当下零售业盈利模式的转型。进而,根据该机理,结合零售业所处的大环境,可以判断某种盈利模式在个体层面是否是其最优选择,在行业层面是否具备旺盛的生命力。这无论是对于零售企业选择合适的发展模式,打造核心竞争力,还是对于政府对零售业转型实施鼓励和引导,都具有一定的指导意义。在这个意义上,本研究有助于筑牢现代流通体系高质量发展的微观基础,推动现代流通体系建设行稳致远。

1.4 研究思路和研究方法

1.4.1 研究思路

本书总的研究思路是"现象归纳—理论研究—实证研究—政策建议"。

首先,笔者通过业界实地调研,了解当前以超市为代表的零售企业盈利模式和后台费结构,熟悉每类通道费用的具体收费规则,掌握零售商供应商关于通道费的实际关切,避免"理论、实践两张皮"问题,为理论研究奠定基础。

其次,基于现实的费用结构和收费规则,分别建立保底线性通道费模型和事前一次性通道费模型,通过严格的数理模型推演,探究各类通道费的形成机理和福利效果,并对零售业盈利模式的选择和转型作出解释。这里,建立通道费数理模型的意义是,能够对逻辑上难以厘清的问题作出回答。例如,通道费是否挤压了供应商利润这个问题,从直观上来讲是肯定的,界内的渠道冲突似乎已经印证了这一点,但是进一步运用逻辑思维便可想到,供应商并不完全是被动的,而是可以通过提高批发价来对零售商的收费行为作出反应。这样一来,供应商至少在一定程度上抵消了通道费的影响,而零售商则承担了高进价的代价。那么,最终的结局是什么呢?零售商是否会收取通道费,如果收的话供应商的利益是否一定受损?对这些问题的回答离不开通过经济学方法论构建的理论模型。

再次，运用实证方法对理论模型的结论进行检验。具体地，本书分别通过 ARMAX 模型和 DID 方法对通道费的价格效应和对供应商利润影响进行计量研究，并通过中百超市的转型案例佐证零售企业盈利模式选择和转型的有关结论。在数据来源上，由于通道费微观数据的私密性和不可得性，本书将基于价格指数的宏观数据和制造业微观数据展开计量研究。

最后，基于理论研究、实证研究的结论，明确通道费的产生机制和经济后果，提出相应对策建议。本书研究思路可见图 1-2 所示：

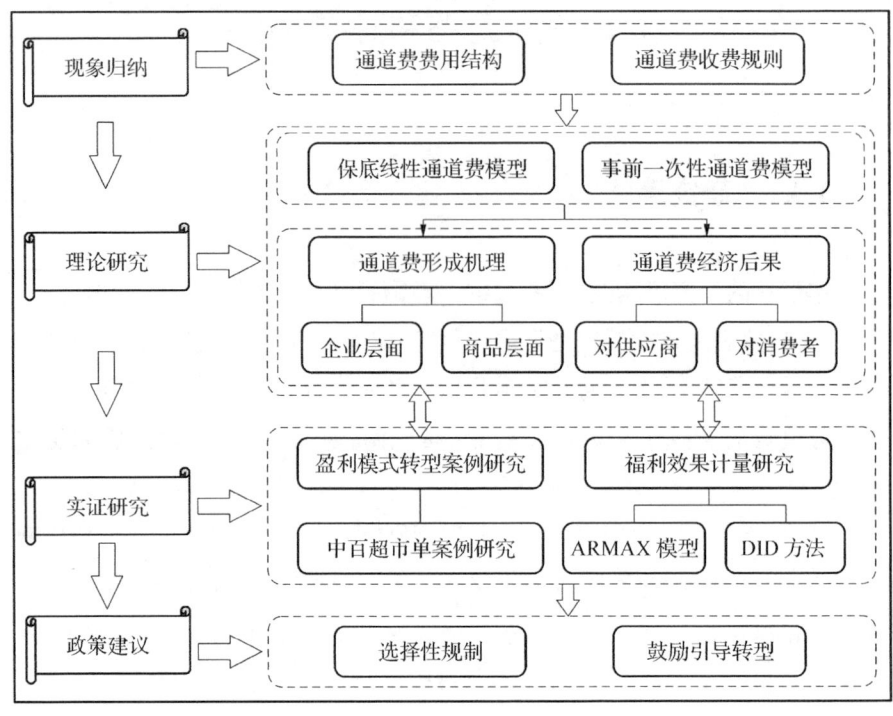

图 1-2 本书研究思路框架

1.4.2 章节安排

根据上文所述的研究思路，全书分为五个部分，共八章。

第 1 章绪论是本书的第一部分。这部分将介绍本书的研究背景、界定本书的研究对象、论述本书的研究意义、明确本书的研究方法、阐述本书的创新点和不足之处。其中,在界定本书的研究对象时,我们将介绍中国情境下通道费的费用结构和收费规则。这既是本研究中理论建模的依据,也为后续研究在了解业内实际情况方面提供了翔实、精练的资料。

第2章通道费的兴起和研究回顾是本书的第二部分。这部分将首先介绍通道费在国内外是如何产生并普及的,又在业内引发了怎样的冲突和争议。随后,重点论述国内外理论界对通道费的研究和争论。在国外文献回顾中,我们将打破所谓的"效率理论"和"市场势力理论"这个早期通道费理论分类标准,而是根据通道费模型背后的收费机制对国外通道费理论进行归纳总结。在国内文献回顾中,我们将首先明确国外通道费和中国情境下通道费在概念上的区别和联系,正是由于国内外通道费概念上的含混不清,才导致了国内通道费研究角度零散、范式庞杂的现状。在此基础上,对国内通道费理论成果按其研究对象的不同进行细致分类,从而在一定程度上改变国内通道费理论不成体系的现状。最后,对已有的理论成果进行述评,进一步明确本书的研究价值。

第3章保底线性通道费模型和第4章事前一次性通道费模型构成本书的第三部分。这部分将通过对通道费的经济学建模分析,明确通道费的收费机制和福利效应。在通道费收费机制的研究上,我们将分别考察收取某种通道费时零售商的均衡利润和不收通道费时零售商的均衡利润,并计算二者之差,进而分析该差值是否恒为正。如果差值恒为正,则说明该通道费的收取是零售商的恒定选择;如果差值的正负随着外生变量的变化而变化,则说明零售商会基于自身条件和外部环境选择最优的盈利模式。在通道费的福利效应上,我们将计算均衡时的零售商利润、供应商利润、消费者剩余和社会总剩余,从而判断通道费的福利得失。

第5章计量分析和第6章案例研究构成本书的第四部分。这部分将通过实证的方法验证上一部分理论模型的主要结论。在第五章,我们将通过计量分析方法论证通道费对上游供应商和下游消费者的影响。在通道费对供应商影响的问题上,我们将通过DID(difference in difference)方法考察在通道费普及之后,制造商的利润是否受到了显著影响。这需要根据行业分出对照组和控制组。为了使分属不同行业的对照组和控制组能够被视为来自同一总体,我们将加入诸多控制变量,这其中包括企业的全要素生产率(TFP)。在通道费对消费者影响的问题上,我们以商品零售价格指数(RPI)为研究对象,通过 ARMAX 模型发现商品零售价格指数的数据生成机制(Data Generating Process),并考察在通道费普及之后,商品零售价格指数的 DGP 是否发生了变化,从而判断通道费对价格水平和消费者福利的影响。在第 6 章,我们将对中百超市的零售盈利模式转型实践进行规范的案例研究,直观地呈现零售商盈利模式的选择依据,并与理论模型的结论相对照,揭示中国零售业盈利模式的选择机理。

第 7 章政策建议和第 8 章总结与展望是本书的第五部分。这部分将首先介绍国内外通道费规制的经验,指出当前规制策略中存在的问题,并提出对策建议,其次讨论政府应如何引导零售业盈利模式的转型。最后,提炼全书结论,指出研究不足之处,以及进一步研究的方向。

1.4.3 主要研究方法

本书的主要研究方法为博弈论方法、计量分析方法和案例分析方法。

(1) 博弈论方法。本书将基于博弈论的方法建立通道费数理模型,探究零售企业盈利模式转型机理,判断通道费的福利得失。具体地,本书将基于零供之间的谈判程序,以及各类通道费的收费规则,建立通道费博弈模型,从而明确通道费是否提高了价格,挤占了供应商利润,降低了消费者福利和社会总福利,同时基于不同合约下均衡利润的大小,探究零售企业盈利模式的选择和转型。需要指出的是,运用规范的博弈论模型解释国内通道费模式及其转型这一本土化问题是一项极富挑战性的工作。但建模一旦完成,只要模型假定基本合理,则相应的结论就具有极高的可信度。在这个意义上,基于该方法所建立的通道费理论模型是本书的核心内容。

(2) 计量分析方法。本书将运用计量方法验证通道费是否抬高了价格,以及通道费是否挤占了供应商利润,或在多大程度上挤占了供应商利润。因此,本书计量分析的目的是验证理论模型的结论是否得到数据支持。

在数据来源上,本书选用城市食品类商品零售价格指数研究通道费是否抬高了价格,相关数据来源于国家统计局;选用国内制造业微观数据研究通道费如何挤占了上游利润,相关数据来源于中国工业企业数据库。在具体方法上,如前所述,我们用 ARMAX 模型考察通道费普及前后价格指数的数据生成机制,用 DID 方法考察通道费普及对生产商利润的影响。

(3) 案例分析法。它是探索难于从情境中分离出来的现象时采用的研究方法(Yin,2010)[1],而本书所要研究的零售业盈利模式转型正是一种嵌入在中国市场情境中的商业实践。因此,对业内的转型实践进行规范的案例研究,将能够更直观、更具体地呈现国内零售业盈利模式的选择依据。在案例研究中,依靠理论概念(也称"构念")指导研究设计和证据收集是至关重要的,而本案例研究中的理论概念来自我们构建的理论模型。在具体的案例研究技术上,我们将采取内容分析法(content analysis)保证案例研究的客观性与准确性。总之,通过案例研究能够将本书理论和业内实践紧密联系起来,并检验理论本身的解释力。

1.5 创新点和不足

1.5.1 本书的创新点

本书主要的创新之处在于研究对象创新、研究视角创新和研究方法的创新。

第一,研究对象的创新。出于种种原因,如受国外研究的影响以及对国内业界现实的不甚了解,国内通道费理论界虽然经历了十多年的成果积累,但对业内最主要、最核心的一类通道费用的研究,即对"保底返利"的研究,仍几乎空白。甚至,即使不考虑保底的存在,学术界仅有的几篇研究线性通

---

[1] 罗伯特·殷. 案例研究设计与方法[M]. 周海涛译. 重庆:重庆大学出版社,2010.

道费的基本设定也是不符合实际的。换句话说,学术界在不了解现实中通道费收费规则的情况下,仅凭借对业内现实模糊的认识,以及模型自洽性的考虑,对通道费的收费规则进行较为主观的设定,并在此基础上建立所谓的通道费模型。显然,这样的通道费理论是难以指导实践的。而本书将在对业内收费规则充分了解的前提下,建立贴合实际的、原创性的通道费理论模型。该模型以规范的博弈论研究方法较好地回答了中国零售业商业模式选择的现实问题,为本土商业模式的经济学研究提供了借鉴。

第二,研究视角的创新。以往的通道费研究在通道费的收费机制上给出了众多的解释,如避税、均坪效、放松竞争条件、平台接入费等。但在已有的通道费研究成果中,受研究者预判的通道费收费机制的限制,通道费总是零售商的恒定选择。出现这种情况的原因可能是,长期以来,收取通道费是业内普遍采取的、饱受抨击的经营策略,零售商对后台费的疯狂追逐限制了学者们对"零售商是否会放弃通道费"这类问题的思考。而本书受到当下业内转型实践的启发,将以动态的视角研究零售商在盈利模式上的选择和转变。这一研究视角也将为后续的通道费研究提供新的思路。

第三,研究方法的创新。通道费理论研究的一个瓶颈是,由于零售企业财务数据的不可得性,难以运用计量经济学的方法研究通道费的福利影响。而福利效应是任一经济学研究的出发点和归宿。针对这个问题,我们变换了研究思路,不再拘泥于通过个体零售企业的财务数据进行研究,而是通过可获得的宏观经济数据和制造业微观数据进行研究。具体地,我们从"准实验"的研究方法中得到启发,将通道费的普及视为一个事件,并论证通道费普及的时间点,进而通过 DID 等方法研究通道费的普及带来的福利效应,并最终得出比较可靠的结论。这种范式的通道费计量研究拓展了通道费实证研究的方法,有助于从方法论层面推动通道费理论的发展。

1.5.2　本书的不足之处

由于现象的复杂性,本书仍存在以下两点不足:

第一,在研究视角上,无论是考察通道费的形成机理,还是论证通道费的福利效应,我们都以"供应商—零售商—消费者"这样一个纵向的研究视角为出发点。事实上,供应商之间和零售商之间存在横向的差异,而零售商的通道费行为理应在这种差异化的市场环境下对企业的横向竞争产生影响。如强势供应商可以少交或不交通道费,这在直观上就使弱势供应商处于更加不利的竞争环境中;类似地,零售商之间也有市场势力的差异,因此所能收取的通道费数额也就有所不同,而能够获得巨额通道费的零售企业在直观上更容易通过低价策略在竞争中处于优势地位。总之,在本书的研究中,为了对业内较复杂的收费规则进行建模,我们抽象掉了横向竞争,这是未来进一步研究的方向。

第二,在研究对象上,我们没有考察与通道费相关的其他零售业运营策略,如"账期"和无条件退货。这些运营策略从广义上讲也应属于"通道费模式"的构成要素。因此,本书对通道费模式的研究只是当下零售业整体运营模式中的一个部分。要对以超市业为代表的零售业整体运营模式进行完备的经济学研究,仍有很多工作要做。

第 2 章　通道费的兴起和文献回顾

通道费由于其私密性，最初的产生源头已不可考。一般认为，通道费大约产生于1984年的美国，依据是在1984年8月27号的美国《超市新闻》的一篇文章 *Distributor Demand Sharpens For New Products Incentives* 首次提到了通道费。《纽约时报》1989年7月的一篇文章提及"零售商收取通道费已经有5年多的历史"，也与该判断相呼应。在中国，通道费随着20世纪90年代末外资超市的进入而诞生，同期，国内百货业由于种种原因出现衰退，从百货系统释放出来的经营管理人员大量进入超市业，并将百货业的商业模式与外资企业的通道费相融合，形成了中国本土超市特有的"通道费模式"。本章将首先对通道费兴起的过程作简要回顾，在此基础上论述国内外学术界关于通道费问题的争论。

2.1　通道费的兴起

2.1.1　通道费在美国的兴起

从20世纪80年代开始，美国市场上新产品大量涌现，而超市规模扩张的速度远远赶不上新产品推出的速度，超市的货架空间渐渐成为稀缺的资源。有限的货架上架谁的产品就成为问题。在这样的背景下，通道费的概念应运而生。美国联邦贸易委员会对通道费的定义是"供应商为了使其产品能够在零售商的货架上获得展示或者是能够在零售商的仓储中有一席之地而一次性地给零售商一笔作为交换条件的费用"(FTC,2001)。因此,通道费最初是作为稀缺货架的价格而产生的。这一费用在美国超市业具体体现为展示费、货架费、续约费、新品失败费,等等(Bloom et al.,2000)[1]。

关于通道费的数额,AC尼尔森公司一篇研究报告中指出,1987年美国企业共花费220亿美元用于产品促销,其中,通道费支出占比4.2%。也有学者估计,通道费支出每年约为90亿美元,占美国杂货业新产品促销费用的16%(Deloitte & Touch,1990)[2],而单件商品的通道费支出约为每年5 000—25 000美元(Lucas,1996)[3]。而根据美国联邦贸易委员会2003年的调查报告,美国杂货业单件商品在单个零售企业的通道费为2 313—21 768美元不等,单件商品在全国范围内进入市场则需向超市业支付150万—200万美元的费用,并且通道费已经成为商业往来中必然要花费的成本。

通道费在美国的兴起引发了供应商的反制。2000年4月14日,美国面包协会、玉米面饼协会和口香糖供应商认为通道费严重影响了他们的竞争能力,要求联邦贸易委员会尽快针对通道费建立一个明确的指导方针。美国联邦贸易委员会于2001年和2003年发起了两次调查,最终只表示"通道费因品类而异",且没有实际研究证明通道费影响了企业之间的竞争。在美国有些州判定通道费违法,有些州判定通道费没有违法,各地裁决因具体情况而异,在行业层面,目前只有联邦烟酒火药管理局在1995年禁止酒类产品零售商收取通道费,其他行业至今没有颁布类似禁令。总体上,收取通道费至今仍是美国超市业普查采取的经营策略。

2.1.2 通道费在国内的兴起

国内通道费伴随着20世纪90年代末家乐福等外资企业进入中国而产

---

[1] Bloom N P, Gundlach G, Cannon J. Slotting Allowance and Fees: School of Thought and the Views of Practicing Managers[J]. *Journal of Marketing*, 2000, 64(2): 92-108.

[2] Deloitte, Touche. *Managing the Process of Introducing and Deleting Products in the Grocery and Drug Industry*[M]. Washington, D.C.: Grocery Manufacturers of America, 1990.

[3] Lucas A. Shelf Wars[J]. *Sales & Marketing Management*, 1996, 148(3): 12.

生,并和国内百货业盈利模式相结合,形成了中国本土特有的"通道费模式"。这一模式的主要特征是,在收取各类一次性费用的同时,还收取与销售额相关的返利;同时,还可以向供应商延期付款和无条件退货。可见,国内超市业更多地扮演了"通道"角色,即不需要采购资金,不承担销售风险,并通过向上游收费获得收入。这种"渠道为王"式的商业模式引发了巨大争议。

2003年,家乐福遭曝光的对供应商内部附加费清单显示:"法国节日店庆费:每年10万元;中国节庆费:每年30万元;新店开张费:1—2万元;老店翻新费1—2万元;海报费:每年2340元,全国34家门店就是7.956万元,一般每家门店每年要印10次海报,就是79万元;端头费:每家门店2000元,34家门店就是6.8万元;新品费:每家门店进一个新商品要1000元,34家门店就是3.4万元;人员管理费:每人每月2000元;堆头费:每家门店3—10万元;出厂价让利:销售额的8%;服务费:占销售额的1.5%—2%;咨询费:约占2%;排面管理费:2.5%;送货不及时扣款:每天千分之三;补损费:产品保管不善,无条件扣款;无条件退货"①。上海炒货协会会长表明,这样不对等的条约致使协会最大的11家企业在家乐福的利润全部为负。不仅如此,协议中还有诸多不合理之处,例如,家乐福老店翻新,供应商要支付每店人民币两万元整。但是在履行此合同约定的条款中,既没有供应商对老店翻新的事实进行确认,又没有征得供应商的同意,仅凭家乐福单方认定,就可以在供应商结算款中对此费用进行扣除。家乐福有的门店甚至换了几块砖或更换陈列位置等小修小补的举动,就算"老店翻新",要供应商支付相应的货款②。2003年6月,家乐福因为向上游供应商收取进场费问题遭受上海炒货行业的集体性封锁,在多次谈判未果的情况下,上海炒货行业协会停止向家乐福供货,一时轰动全国。

2013年10月29日,央视《经济半小时》播出《聚焦流通困局:进不去的超市》节目,再次将通道费问题推上风口浪尖。根据节目采访,物美超市每

---

① 详见《中华工商时报》2003年7月22日"小协会讨伐连锁大鳄"相关报道。
② 详见《中华工商时报》2003年7月22日"小协会讨伐连锁大鳄"相关报道。

年需要供应商至少返利销售额的25%,同时,每个单品还要收取15万的"促销服务费"。北京市金天坛食品公司还因为通道费问题和物美超市对簿公堂。该公司负责人表示,在和物美合作的一年多时间里,该公司一共在物美销售113万元的货物,物美收取各种费用却达到了128万元。当该公司负责人将有关部门发布的《零售商供应商公平交易管理办法》等文件提供法官时,却因为相关文件只是行业规章制度而不被法院认可。最后,节目表示,有关行业内通道费的数额一直没有职能部门给出过权威数据。不过天津的一项调查曾显示,进场费最高占到商品售价的40%,华中地区的一家零售上市公司负责人透露,公司主动停止向供应商收取的进场费至少超过2亿元,以此揣测,零售商收取的进场费将是一个惊人的数字。

在超市收取通道费总体上愈演愈烈的同时,也有企业开始主动摒弃通道费,这就是前文提到的零售业盈利模式转型。联华超市的母公司上海百联的董事长陈晓宏指出"通道费就是鸦片";武汉中百的董事长刘聪认为"中国零售业必须在运营方式上进行革命性的变革"。正是在这些观念的指引下,通道费已不再是零售企业生存和发展的"金科玉律",以武汉中百为代表的零售企业也确实开始了摒弃通道费模式、回归商品买卖的商业实践,并受到业内的嘉奖和赞誉。当然,很难说摒弃通道费已经成为业内的普遍共识,时至今日,仍有"物美超市渠道费用近年来水涨船高"的报道[1]。事实上,根据笔者调研,虽然个别超市已不再采取通道费模式,有些超市也在减少后台费的比重,但总体上看,收取通道费仍是国内超市业普遍采取的经营策略。

2.2 国外研究综述[2]

国外理论界对通道费的经济学分析始于1990年代初,迄今已形成了丰富的理论成果。虽然国外通道费理论的分析范式不尽相同,但总体上是相

---

[1] 详见《中国经营报》2020年5月9日"物美'狩猎'记"相关报道。
[2] 以下内容部分参考:张皓翔,王庚.零售商的通道费问题研究综述[J].中国物价,2019,(06):87-90。

容的、可比的。这源于国外理论界和业界对"通道费"(slotting allowances)的界定是一致的,即通道费是供应商为了产品上架而"一次性"支付给零售商的费用。因此,国外的通道费理论无一例外研究的是"事前一次性通道费"的作用机制和福利效应,而不涉及对"线性通道费"或"优质货架费"的研究。

在通道费研究范式上,国外通道费理论大致可分为基于信息经济学的通道费研究和基于产业组织理论的通道费研究[①]。信息经济学范式的通道费研究的核心假定是生产商在新产品的质量或市场前景上比零售商拥有更多的信息,而通道费是生产商或零售商在不对称信息下实现分离均衡(separating equilibrium)的手段。产业组织理论范式的通道费研究则把通道费理解为两部收费中的固定费或三部收费中的预付费,进而研究在何种市场环境下通道费会产生,以及通道费对价格、产品多样性等福利指标的影响。在下文中,我们将具体论述各个研究范式的理论成果,总结不同研究范式的特点,并根据已有研究成果归纳出通道费的主要作用机制。

2.2.1 信息经济学范式的通道费研究

早期的通道费理论多采用的是信息经济学的研究范式。Kelly(1991),Chu(1992),Lariviere 和 Padmanabham(1997),Desai(2000)的研究是该范式的代表性成果。根据这些研究成果,不对称信息下通道费的作用机制可分为两种,这里将其概括为信号发送(signaling)机制和信息甄别(screening)机制。

1. 信号发送机制

Kelly(1991)首次论述了通道费作为信号发送机制的原理,即高质量产

---

① Sullivan(1997)的研究是一个例外。该研究没有在零供博弈的纳什均衡下考察通道费,而是通过一个一般均衡模型考察了通道费的作用机制。在该模型中,大量零售商在既定的通道费下决定自己的货架空间,大量的生产商在既定的通道费下决定自己的品类供给量,而品类总量的出清条件决定了均衡时的通道费大小。因此,此时的通道费类似于完全竞争市场中的价格机制,它实现了货架资源的有效配置。

品的生产商可以通过支付通道费把自己区分出来,因为低质量产品的生产商由于其市场前景不佳而难以承受这笔费用。除此之外,Kelly还论述了通道费作为风险分担机制的作用。他认为,市场力量总会使能够最有效地降低风险的行为人承担风险,而生产商比零售商在产品的市场前景上更具决定作用,因此,通过通道费帮助零售商分担风险是有效率的[1]。Lariviere和Padmanabham(1997)模型化了Kelly有关通道费作为信号发送机制的思想。他们假定生产商拥有完全的谈判力量,用需求函数截距项的不同来代表产品质量的差异,并考虑了零售商机会成本的大小对生产商合约结构的影响。结论是,当零售商的机会成本较低时,生产商通过批发价合约就可以将自己区分出来,而当零售商的机会成本较高时,为满足其参与约束,生产商需通过批发价和通道费的组合来实现分离均衡[2]。Desai(2000)在Lariviere和Padmanabham(1997)的基础上考虑了广告投入对需求函数的影响,进而得出了当零售商的机会成本较高且广告效应较低时,生产商才会使用通道费以实现分离均衡的结论[3]。对于通道费的福利效应,上述研究都得出了作为信号发送机制的通道费通过消除信息不对称提升了市场运行效率和社会福利水平的结论,这些理论成果由此成为传统"效率理论"的主要组成部分。

2. 信息甄别机制

Chu(1992)分析了不对称信息下通道费作为信息甄别机制的作用。Chu假定零售商拥有完全的谈判力量,因此,零售商只需提出一个等于高质量产品生产商总利润的通道费,就可以筛选出高质量的产品,因为此时低质量产品生产商的利润为负。这里的通道费作为零售商运用市场势力的手段,既消除了信息不对称,又使零售商获得了全部渠道利润。Chu还比较了生产商通过广告投入发送信号和零售商通过通道费进行筛选之间的福利差

---

[1] Kelly K. The Antitrust Analysis of Grocery Slotting Allowances: the Precompetitive Case [J]. *Journal of Public Policy and Marketing*, 1991, 17(2): 187–198.

[2] Lariviere A M, Padmanabham V. Slotting Allowances and New Product Introductions[J]. *Marketing Science*, 1997, 16(2): 12–128.

[3] Desai S P. Multiple Messages to Retain Retailers: Signaling New Product Demand[J]. *Marketing Science*, 2000, 19(4):381–389.

异,结论是,只要供应商的广告效应不"足够大",则通道费下的福利水平更高①。

总之,以 Kelly(1991)和 Chu(1992)等为代表的通道费理论从不对称信息的角度,系统地论证了通道费形成机理和福利效应,并成为早期通道费研究的主流范式。但是,这类通道费理论预言通道费只可能出现在新产品的推广过程中,这显然与国内外零售业的现实情况相左。此外,虽然信息经济学范式的通道费研究所揭示的通道费形成机理简单明了,但这种简单明了恰恰限制了该范式通道费研究的发展。换句话说,在上述几篇经典文献完成之后,这种研究范式的通道费研究已经几乎没有进一步拓展的空间。因此,由于解释面过窄,且研究空间有限,信息经济学范式的通道费研究在 2000 年之后没有取得明显的进展,取而代之的是产业组织理论范式的通道费研究。

2.2.2 产业组织理论范式的通道费研究

基于产业组织理论的通道费研究始于 Shaffer(1991)对通道费作为竞争弱化机制的分析。该范式的通道费研究成果颇多,且不同文献中通道费的作用机制也不尽相同。总的来说,该范式下通道费的作用机制可以归纳为五种,它们分别是弱化竞争程度机制、排除竞争对手机制、激励专用性投资机制、追求一体化利润机制、提升谈判地位机制。

1. 竞争弱化机制

Shaffer(1991)开创性地论述了零售商通过通道费弱化竞争程度的原理。他指出,零售商收取通道费会使完全竞争的生产商被迫抬高批发价格。因此,零售商的通道费行为等于向竞争对手承诺,它将会因为面临的高边际成本(高进价)而制定高价格,这个高价承诺会激励竞争对手提高价格,零售商面临的竞争条件由此得到放松。在这个过程中,零售商由于既获得了宽松的竞争环境,又得到了一笔通道费,其状况一定变好,而消费者福利和社

---

① Chu W. Demand Signaling and Screening in Channels of Distribution [J]. *Marketing Science*, 1992, 11(4): 327-347.

会总福利水平则因为价格的上涨而降低①。显然,此时的通道费具有典型的"反竞争效应",该研究由此成为传统"市场势力理论"的代表性成果。

在 Shaffer(1991)的基础上,Innes 和 Hamilton(2011)(2013)进一步分析了这种机制对产品多样性的影响。他们首先通过 Chen 和 Riordan(2007)的辐条模型(spokes model)研究单位需求下通道费对产品多样性的影响②,继而在 Salop(1979)环形城市模型的基础上建立了新的"哑铃"模型(bar bell model),并据此研究了不变弹性需求下通道费对产品多样性的影响③。结论是,在没有通道费的情况下,由于提升品类深度会使竞争对手以降价来应对,这意味着竞争程度的加剧。因此,均衡时的产品多样性水平会低于社会最优水平,而通道费带来的提价效应将增加品类扩展的边际收益,均衡时的产品多样性水平由此得到提高。在福利效应上,他们发现单位需求下通道费不影响社会总福利,不变弹性需求下社会总福利的损益取决于需求弹性的大小。

2. 排他机制

通道费的排他机制又可分为上游排他机制和下游排他机制。Shaffer(2005)在一个较特殊的市场环境中考察了上游主导性生产商是如何通过通道费排除竞争对手的。在这个模型中,上游有一个主导生产商和一批完全竞争的边缘生产商,下游有两个完全竞争的零售商,这两个零售商由于货架空间的限制只能选择销售一种产品。在没有通道费的情况下,两个零售商显然会选择不同的产品以避免完全的同质化。但是,主导生产商可能通过向零售商支付通道费以诱使下游零售商都选择其产品,从而将边缘生产商排挤出去,而这将降低产品多样性程度并提高价格水平④。与

---

① Shaffer G. Slotting Allowance and Price Maintenance: a Comparison of Facilitating Practices[J]. *Rand Journal of Economics*, 1991, 22(1): 120-135.

② Innes R, Hamilton S F. Slotting Allowance and Product Variety in Oligopoly Markets[J/OL]. http://www.researchgate.net/publication/265082930.

③ Innes R, Hamilton S F. Slotting Allowance under Supermarket Oligopoly[J]. *American Journal of Agricultural Economics*, 2013, 95(5): 1216-1222.

④ Shaffer G. Slotting Allowances and Optimal Product Variety[J]. *The B. E. Journal of Economic Analysis and Policy*, 2005, 15(1): 1-26.

Shaffer(2005)不同,Caprice 和 von Schlippenbach(2013)研究了拥有先动一步优势的生产商是如何通过通道费挤占后动生产商的利润。他们发现,当零售商的谈判能力较高时,先动一步的生产商会通过支付通道费并提高批发价来降低后动生产商的利润贡献,从而降低后动生产商所能分得的渠道利润并提高自身利润[1]。通道费的这种机制因此也被称为"利润转移机制"(rent-shifting mechanism)。显然,该模型预言通道费只出现在零售商和先动生产商的交易中,这与现实不完全吻合,但作者在 2*1 市场结构下建立的产业组织模型可以作为研究零供关系的基础工具。

Marx 和 Shaffer(2007)在三部收费(预付费+固定费+批发价)的框架下研究了大零售商是如何通过通道费把小零售商排挤出市场。他们发现,大零售商在提出合约时只需承诺支付一笔等于双边垄断下一体化利润的固定费,并在事前索取一笔不高于该一体化利润和生产商单独与另一方交易时一体化利润的差值的预付费(通道费),就可以保证生产商只接受自己的合约。原因是,生产商不会单独接受另一方的合约,因为生产商和小零售商单独交易创造的总利润更少;生产商也不会同时接受两个零售商的合约,因为大零售商已经承诺交出双边垄断下的全部利润流,生产商如果此时同时接受双方合约,引入零售商之间的竞争,会使大零售商事后利润为负,从而使大零售商在收取通道费后放弃交易。因此,在这种合约结构下,小零售商一定会被挤出市场,消费者福利和社会总福利由此受到损害[2]。Miklós-Thal,Rey 和 Vergé(2011)进一步研究了 Marx 和 Shaffer(2007)所发现的下游排他效应。他们发现,如果零售商可以提出"或有合约"(contingent contracts),即在合约中分别约定排他经营和共同代理时的支付,就可以避免三部收费下下游排他的出现[3]。该论断中一个暗含的假定是显性的排他条款是允许被写入合同的,而这一点并非总是成立。

---

[1] Caprice S, von Schlippenbach V. One-stop Shopping as A Cause of Slotting Fees: A Rent-shifting Mechanism[J]. *Journal of Economic and Management Strategy*, 2013, 22(3): 468-487.

[2] Marx L M, Shaffer G. Upfront payments and Exclusion in Downstream Markets[J]. *Rand Journal of Economics*, 2007, 38(2): 823-843.

[3] Miklós-Thal J, Rey P, Vergé T. Buyer Power and Intra-brand Coordination[J]. *Journal of the European Economic Association*, 2011, 19(4): 721-741.

3. 专用性投资激励机制

专用性投资的不可契约性是 Grossman 和 Hart 开创的新产权理论的基石。Foros et al.(2009)将这种思想引入通道费研究中,从而从激励生产商作出最优水平渠道投资的视角解释了通道费的收费机制①。Foros 认为,生产商在与零售商的交易过程中,需要做出一笔无法写入合约专用性投资,这笔投资将提高产品的销量。由于这笔投资带来的销量提高的收益不完全被生产商所占有,生产商的实际投资水平将小于最优投资水平。这实际上也就是当投资的社会边际收益大于个人边际收益时产生的正外部性问题。为了提高生产商的边际收益,激励其投资水平达到最优,只有提高生产商的批发价格。这样一来,生产商有可能需要支付零售商一笔通道费作为高批发价下补偿。而通道费具体在何种情境下会产生,则取决于生产商专用性投资的边际成本和谈判力量。作者还比较了通道费对应的两部收费合约和线性批发价合约的福利效应。他们发现,当零售商拥有完全的谈判力量时,线性批发价合约的福利水平更高;当生产商拥有完全的谈判力量时,两部收费合约的福利水平更高。不同合约结构在社会总福利的损益上是类似的。

4. 一体化机制

根据纵向约束的基本原理,无论是企业间的纵向一体化还是横向一体化,都会增加行业总利润。由于合谋是非法的而合并是有成本的,因此,企业总有动机通过合约设计来达到该利润水平,在某些市场结构下通道费便会由此产生。Innes 和 Hamilton(2006)发现,当上游有一个主导生产商和一批完全竞争的边缘生产商,下游有两个差异化的零售商时,由于完全竞争的边缘生产商的批发价恒等于边际成本而非最优调拨价格②,因此,此时的行业利润没有达到一体化水平。如果零售商可以向边缘生产商收取通道费,就可以改变边缘生产商的零利润条件,从而诱使边缘生产商的批发价格

---

① Foros Ø, Kind H J, Sand J Y. Slotting Allowances and Manufacturers' Retail Sales Effort [J]. *Southern Economic Journal*,2009,76(1):266-282.

② 根据纵向约束的标准模型,如果零售商在下游居于垄断地位,则最优调拨价格等于边际成本,如果零售商在下游进行竞争,则最优调拨价格高于边际成本。因此,两个零售商进行差异化竞争的假定是该模型的核心设定,否则通道费便不会产生。

达到最优水平,一体化利润由此实现。在福利效应上,该模型表明消费者剩余因通道费消除了横向竞争而降低,企业剩余因通道费实现了一体化利润而提高,社会总福利的损益则是不确定的①。

5. 谈判地位提升机制

根据纳什谈判原理,在既定的联合收益下,行为人的谈判利得取决于谈判力量和谈判基点。谈判力量表现为行为人能够从交易净收益中分得的比例,它通常是外生的;谈判基点指的是行为人在谈判中拥有的砝码,这决定他在谈判中的地位。与谈判力量不同,谈判基点可能随合约结构或博弈时序的改变而变化。在一些情况下,通道费的出现既改变了合约结构也改变了博弈时序,从而使提出通道费的一方获得更有利的谈判地位。Marx 和 Shaffer(2010)研究了稀缺货架空间下通道费对零供谈判流程的影响②。他们发现,当货架数量少于产品数量时,如果通过通道费把货架事先出租出去,就可以引起生产商在货架空间上的竞争,这增加了零售商的谈判砝码,使货架竞拍的赢家至少支付如果输家获得货架时零售商的所得。而在没有通道费时,零售商的收益直接取决于其谈判力量,如果生产商可以提出"要么接受,要么离开"(take it or leave it)的合约,则零售商的利润为零。因此,通道费和稀缺货架的组合使用提高了零售商的谈判地位,使零售商在谈判力量较低时能获得较高的收益。在福利效应上,由于稀缺的货架空间降低了产品多样性,消费者福利和社会总福利水平都降低了。

Baake 和 von Schlippenbach(2014)从另一个角度解释了通道费是如何提升谈判地位的③。他们考虑了一个二阶段博弈下的三部收费合约:在第一阶段,零售商通过通道费把货架预售出去;在第二阶段,零售商和供应商通过两部收费进行交易收益的分割。他们假定,在第一阶段如果关于通道费大小的谈判破裂,零售商可以从市场中重新挑选合作伙伴,而如果第二阶段

---

① Innes R, Hamilton S F. Naked Slotting Fees for Vertical Control of Multi-product Retail Markets[J]. *International Journal of Industrial Organization*, 2006, 24(2): 303 – 318.

② Marx L M, Shaffer G. Slotting Allowances and Scarce Shelf Space[J]. *Journal of Economic and Management Strategy*, 2010, 19(3): 575 – 603.

③ Baake P, von Schlippenbach V. The Impact of Upfront Payments on Assortment Decisions in Retailing[J]. *Review of Industrial Organization*, 2014, 44(1): 95 – 111.

的谈判破裂,则市场中的生产商因生产能力或物流系统的限制无法成为零售商的合作伙伴。因此,通过通道费预售货架增加了零售商的回旋余地,提高了其谈判地位。在福利效应上,通道费下的福利损益取决于零售商的谈判力量和产品的差异化程度。

通过文献回顾可以看出,产业组织理论范式下的通道费理论并不局限于对新产品通道费的解释。另外,该研究范式下,一些描述市场环境的重要参数,如产品差异化程度、零售商竞争程度、行为人谈判力量等,都较容易被量化,这一方面使相应的通道费模型更完备、更具体,另一方面也为后续的通道费研究留下了广阔的空间。产业组织理论下的通道费研究由此成为当下国外通道费研究的主流范式。

2.3 国内研究综述

首先我们需要明确国内外通道费在概念上的异同。上一节提到,国外通道费指的是生产商为了其产品获得零售商掌握的销售渠道而一次性支付的一笔作为交换条件的费用。而在第一章,我们指出,国内业界所说的通道费指的是零售商的后台毛利,它包括事前一次性通道费、线性通道费和优质货架费。由于后台毛利在总利润中的比重较大,甚至成为部分零售商的主要利润来源,当下国内零售业"前台毛利+后台毛利"的盈利模式也被称为"通道费模式"。由此可见,国内业界所说的通道费在形式上包括但不限于国外的"通道费",在实质上与以超市为代表的国内零售业特定的盈利模式相对应。这就是国内外通道费在概念上的异同,然而,已有的通道费研究并没有明确这一点。相反,学者们根据自己对通道费的理解进行了各种角度的"通道费研究",由此形成了国内纷繁复杂的通道费理论。

国内通道费理论以研究角度或研究对象为标准大致可分为两类:一是对特定种类通道费的研究,即对后台费的某个组成部分的研究;二是对通道费对应的零售业盈利模式的研究,即对"通道费模式"的研究。我们将具体论述这两类通道费研究成果。

2.3.1 特定种类的通道费研究

如前所述,零售商的后台毛利主要由一次性通道费、线性通道费和优质货架费三部分构成。一次性通道费在业内以合同费、新品费的形式存在,线性通道费就是销售返利,优质货架费则对应着业内的端头费、堆头费和海报费。国内通道费理论大多没有对研究对象进行诸如此类的界定,而是泛泛地称之为"通道费研究",但我们仍可根据研究的基本设定对其按研究对象进行归类。进而,我们发现,学术界对各种通道费用都进行了专门研究,并形成了一些有价值的理论成果。

1. 一次性通道费

这类通道费的研究范式与国外通道费理论一脉相承。王永培、袁平红(2011)的研究是典型的信息经济学范式。他们通过 Lariviere 和 Padmanabham(1997)的模型指出,通道费在不对称信息下起到了区分优质产品、合理分配货架空间的作用,因此,通道费不必然是零售商滥用市场势力的工具[①]。

张赞、董烨然、李凯、应珊珊等学者则在产业组织理论范式下研究了通道费的福利效应。张赞、郁义鸿(2006)基于 SCP 分析框架,分别讨论了三种市场结构下通道费的福利效应,进而发现不同的市场结构下通道费带来的福利损益是截然不同的,因此对通道费的规制需要具体问题具体分析[②]。董烨然(2012)在 Chen(2003)的模型框架下进一步分析了 Marx 和 Shaffer

---

① 王永培,袁平红.大型零售商收取通道费合理吗?——来自信号传递模型的解释[J].商业经济与管理,2011,(07):5-12.

② 张赞,郁义鸿.零售商垄断势力、通道费与经济规制[J].财贸经济,2006,(03):60-65+97。张赞分析的三种市场结构分别是① 双边垄断;② 上游完全竞争,下游完全垄断;③ 上下游均进行 Bertrand 竞争,但零售商联合起来和上游谈判。她发现结构①中通道费提高了福利水平,结构②中通道费不会产生,结构③中通道费降低了福利水平。但张赞在结构①下模型求解是错误的,因为其供应商行为的求解过程暗含通道费和零售价分开制定的假定,而零售商行为的求解过程又暗含通道费和零售商同时制定的假定。实际上,双边垄断下的通道费虽然攫取了供应商利润,但不改变双重加价的均衡结果。

(2007)的三部收费合约①。他发现,此时的三部收费合约一方面使行业总利润达到了一体化利润水平,另一方面使零售商通过通道费完全占有了该合约创造的额外利润。因此,三部收费合约较之其他合约结构是一种典型的帕累托改进,此时的通道费由此可以被视为大型零售商挖掘市场效率的一种机制设计。李伟、李凯(2014)在双边双寡头垄断的市场结构下考察了两部收费中的固定费实现为通道费的可能性。他们在忽略品牌内竞争的前提下,发现如果考虑零售商提供的分销服务,则在某些市场环境参数下,批发价会高于边际成本,从而只要零售商的议价能力达到一定程度,通道费就会产生②。李凯等(2016)在同一市场结构下的进一步研究发现,在下游零售商进行 Bertrand 竞争的前提下,即使不考虑零售商的分销服务,批发价仍会高于边际成本,从而使通道费会随着零售商议价能力的提高而产生③。应珊珊等(2016)在 Foros et al.(2009)的研究基础上,引入了生产商之间的竞争,在差异化的生产商通过单一零售商销售产品,且生产商在专用性投资上相互搭便车的情境下考察了两部收费的均衡结果,发现通道费和零售商议价能力之间并不存在单调关系。即使零售商拥有完全的议价能力,也可能向生产商支付特许费以激励其做出更多的专用性投资,议价能力的高低在通道费的产生条件上既不必要也不充分④。

此外,李陈华等人研究了与批发价的制定相分离的固定费实现为通道费的可能性。李陈华(2014)通过一个包含零售商议价能力的"报童模型"解释了通道费的成因。他发现,在包含议价能力的"报童模型"中,当零售商的议价能力降低时,在某个区间上,供应商的获益大于零售商的损失。因此,零售商有动机"让渡"一些议价能力,即主动少分割一部分交易收益,从而将

---

① 董烨然.通道费:大零售商挖掘市场效率的一种机制设计[J].财贸经济,2012,(03):94-102.
② 李伟,李凯.零售商买方势力一定会导致通道费吗?——基于纵向市场结构的合作博弈分析[J].产经评论,2014,5(06):92-103.
③ 李凯,李伟,马亮.买方抗衡势力条件下的特许费、通道费研究[J].产经评论,2016,7(01):35-49.
④ 应珊珊,朱蓓,高洁.基于制造商投资和讨价还价模型的零售通道费形成机理研究[J].经济理论与经济管理,2016,(12):83-92.

蛋糕做大,并要求供应商支付一笔费用作为补偿,通道费由此产生[①]。李陈华等(2018)进一步考虑了分销服务的影响,发现在某些情况下,由零售商提供分销服务,提高了渠道总利润,但降低了自身利润,此时,供应商为了激励零售商提供服务,会支付一笔费用作为补偿,这就产生了通道费[②]。在这两个研究中,通道费都是作为一种以自身损失做大蛋糕的补偿机制,带来了积极的福利效果。李陈华、王庚(2019)还基于货架稀缺性考察了通道费的产生:由于货架稀缺,零售商上架一款产品,必然就要清退一款产品。进而,如果零售商货架上现有产品质量好、利润高,即使零售商没有什么议价权力,也可能获得一笔"通道费"作为更换现有产品的补偿。当然,由于零售商通常不清楚新产品的质量,他需要根据对产品质量的"预期"来进行通道费或特许费的谈判,最终的结果是,只有议价能力和现有产品质量都很低的零售商才无法收取通道费。同时,由于通道费使低质量产品利润为负,自动退出市场,因此,这里的通道费也是一种质量筛选机制[③]。

2. 线性通道费

汪浩(2006)通过一个双重寡头市场模型对线性通道费进行了研究[④]。该模型假定上游有两个对称的生产商,下游有一个大零售商和多个小零售商,大零售商凭借其市场力量在每单位销量上获得了一个固定返利额,即线性通道费,小零售商则由于无法获得返利而面临着更高的实际进价。汪浩发现,线性通道费并不影响上游生产商的利润,但提高了大零售商市场份额并降低了小零售商的市场份额。因此,线性通道费是拥有市场力量的大零售商排挤竞争对手的策略性工具。李玉峰等(2013)研究了线性通道费的激励机制[⑤]。他们把线性通道费设定为供应商货款的一个比例,并在一个双边

---

① 李陈华.零售商议价势力及其福利效应——兼论通道费的起因[J].财贸研究,2014,25(01):61-69.
② 李陈华,晏维龙,徐振宇,庄尚文.促销效果、最优促销安排及其福利效应——兼论通道费的补偿作用[J].商业经济与管理,2018,(02):5-15.
③ 李陈华,王庚.产品质量、议价能力与通道费[J].商业经济与管理,2019,(11):5-17.
④ 汪浩.通道费与零售商市场力量[J].经济评论,2006,(01):29-34.
⑤ 李玉峰,郑栋伟,陈宏民.基于返点机制的大型零售商通道费作用机制研究[J].经济经纬,2013,(03):101-106.

垄断的市场结构下刻画了销售努力对产品销量的影响,最终发现线性通道费能够激励零售商作出更多的销售努力,从而在一定条件下提高了消费者福利和社会总福利水平。王庚(2016)建立了考虑产品异质性的渠道博弈模型,指出线性通道费提高了零售商自身利润的同时降低了上游供应商的利润,尤其是二线产品供应商利润。通道费还提高了终端价格,造成消费者剩余和社会总剩余均有所下降,带来消极的福利效应。他还通过考察食品类商品零售价格指数等宏观数据,在准实验思想下检验了通道费的提价效应[1]。

3. 优质货架费

由于优质货架的稀缺性,优质货架费无论是在覆盖范围还是在利润贡献上都不及事前一次性通道费和线性通道费。加之优质货架费本身争议很小,这类费用的研究价值并不及前两类通道费用。但或许是由于优质货架费作为一种"货架费",在直观上与人们对"通道费"(进场费)的习惯性理解比较贴近,优质货架费仍获得了国内学术界的专门研究。

汪浩(2010)首次研究了优质货架费的福利效应[2]。在汪浩的模型中,每个零售商都有一个优质货架和一个普通货架,优质货架费则来源于供应商对优质货架的竞拍。由于货架本身的不对称摆放必然导致这种货架费,该模型实际上研究的是不对称货架的福利效应。在优质货架只会导致消费者的转移而不会增加消费者总量的假定下,汪浩得出了货架费会损害消费者福利和社会总福利的结论。郑栋伟等(2012)从需求函数的截距项和斜率项两个角度定义了优质货架的作用机制,即优质货架既提高了产品的市场容量,也提高了产品的价格敏感度。他们发现优质货架的存在降低了位于普通货架的供应商利润,提高了占据优质货架的供应商利润和零售商总利润,增加了消费者福利[3]。作者进而在纳什谈判的框架下讨论了优质货架费的存在性,并得出了当零售商的谈判能力过高时,供应商不会支付优质货架费

---

[1] 王庚.零售商通道费福利效应研究[J].当代财经,2016,(05):68-75.
[2] 汪浩.零售经济学引论[M].北京:北京大学出版社,2010.
[3] 郑栋伟,陈宏民,杨剑侠.基于谈判机制的优质货架与通道费[J].管理评论,2012,24(01):99-107.

而是转而使用普通货架的结论①。

2.3.2 通道费模式研究

该类通道费理论致力于解释为什么国内零售商要把利润来源分为前台毛利和后台毛利两部分,而不是专注于进销差价的挖掘。由于这类理论的研究对象相对复杂,因此学者们较少采用国外通道费研究的主流范式。学者们主要通过对国内零售企业运营方式及其所处市场环境的总结和思考,解释通道费模式的背后逻辑,并在政府规制政策上给出方向性建议。因此,这类通道费理论最具本土气息,贴近国内业界现实,但缺乏统一规范的研究方法。

一些学者从较微观的角度解释了零售商为什么选择收取后台费用而不是单纯压低商品进价。李骏阳(2007)从避税的角度解释了该问题,即通道费模式下的高进价可以使零售商在缴纳增值税时获得更多的进项税抵扣②。李俊阳(2009)还从等坪效的角度解释了通道费模式的形成③。他认为,相等的货架空间必须带来相等的利润贡献。二三线产品由于销量较低,毛利贡献不足,因此必须通过后台收费来弥补,以达到和一线产品相当的利润贡献④,这便形成了所谓的通道费模式。刘向东、沈健(2007)则认为,零售商不总是选择通道费模式,他要在低进价和高进价加通道费之间进行权衡,这种权衡又取决于零售商的销售预期,只有在零售商认为产品的市场前景不容乐观时,才会选择通道费模式并支付较高的进价⑤。刘向东等(2015)通过零供博弈模型进一步分析了零售商销售预期的影响因素,最终得出了市场势

---

① 这个结论显然是错误的。由于优质货架使供应商和零售商的状况都变好了,因此优质货架为双方带来了一笔净收益,在存在交易净收益的情况下谈判破裂必然不会是均衡结果。出现这个错误的原因是,作者在求解纳什谈判解时没有正确计算交易双方的机会成本。
② 李骏阳.通道费与协调工商关系的机制研究[J].财贸经济,2007,(01):98-103.
③ 李骏阳.对收取通道费原因的分析——基于我国零售企业的赢利模式研究[J].管理学报,2009,6(12):1691-1695.
④ 但在现实中,一线产品(如宝洁和可口可乐)的终端零售价通常被生产商控制,零售商只能获得微薄的利润空间,因此这类产品虽然销量很高,但利润贡献一般很低。
⑤ 刘向东,沈健.我国的通道费:理论发展与规制策略[J].管理世界,2007,(07):164-165.

力较高或运营能力较低的零售商倾向于选择通道费模式的结论①。在这两个研究中,通道费都起到一种"保底"的作用。另外,吴志艳等(2015)以上海为中心进行问卷调研,发现从市场效率角度看,在我国通道费的收取不具有产品筛选的功能,交纳通道费并进场销售的产品未必会获得成功;通道费不具有成本共担的功能,但收取行为使新产品被市场所接受的风险由零售商转移到供应商;通道费收取促进了我国货架资源的有效使用以及新产品供求的合理匹配;通道费促进零售商品价格下降。从市场势力角度来看,通道费不是零售商行使市场势力的结果,国内通道费也没有明显的歧视现象②。从总体看,中国通道费具有促进市场效率的效能。总之,上述研究认为,至少从零售商的角度来看,通道费产生有着较"合理"的内在逻辑,因此政府应至少在通道费规制问题上保持谨慎。

一些学者从较宏观的角度解释了通道费模式的形成机理。吴小丁(2004)认为,通道费源于零售商在交易过程中的优势地位,而零售商优势地位的形成是"现代商品流通发展的趋势使然",因此,通道费是"零售业高度集中下的规律性现象"③。董春艳、张闯(2007a)从渠道权力的角度分析了通道费的形成机理。他们通过家电卖场的案例分析发现,向零售商倾斜的渠道权力结构会产生高额的通道费,零供平衡的权力结构会产生少量的通道费,而向供应商倾斜的权力结构不会产生通道费④。邱力生、黄茜(2007)认为,通道费既是对零售商运营成本的补偿,又是制造商对比自建渠道成本支出后的理性选择,更是货架稀缺的环境下市场调节的必然结果⑤。董春艳、张闯(2007b)通过一个政治经济学分析框架发展了前述思想,认为通道费的产生和大小不仅取决于零供之间的渠道权力分配,也取决于供求结构、横向

---

① 刘向东,王庚,李子文.国内零售业盈利模式研究——基于需求不确定性的零供博弈分析[J].财贸经济,2015,(9):80-91.
② 吴志艳,魏农建,谢佩洪.通道费在中国是显示市场势力还是促进市场效率?[J].上海对外经贸大学学报,2015,22(06):54-62.
③ 吴小丁.大型零售店"进场费"与"优势地位滥用"规制[J].吉林大学社会科学学报,2004,(5):119-125.
④ 董春艳,张闯.渠道权力的作用结构与进场费的作用关系——基于中国家电渠道的案例研究[J].中国工业经济,2007,(10):119-126.
⑤ 邱力生,黄茜.试析通道费对国民经济运行安全的影响[J].财贸经济,2007,(07):121-126.

竞争程度、政府的规制倾向等因素[1]。胡学庆(2008)从对合理合法的通道费界定入手,多角度分析了通道费存在的合理性和必然性。他认为,通道费存在的根本原因是市场供求关系;通道费收取数额的决定性因素是零供双方的市场力量的博弈;通道费出现的经济原因是提高新产品开发水平和效率;收取通道费是我国国内零售商在实现规模化经营过程中所做出的必然选择[2]。林娜(2009)着重分析了国内通道费模式的特殊之处,指出本土零售商对"吃供应商"的通道费模式依赖性更强,原因是在外资零售巨头巨大的竞争压力下,依靠购销差价已无法盈利,通道费模式是零售企业微利时代的必然结果[3]。董丽丽(2011)[4]以及王国顺、黄金(2012)[5]认为,运营能力的缺失和市场竞争的加剧使仅依靠进销差价的零售盈利模式难以为继,而买方市场的大环境又使后台收费成为可能,通道费模式由此产生和固化。依绍华(2012)认为,通道费是大型超市拥有绝对的区位优势和渠道优势的结果,大型超市基于市场势力肆无忌惮摊派各种费用,既导致了供货商发展困难,也制约了自身的能力提升[6]。刘磊等(2012)通过中日超市盈利模式的比较分析认为,中国法律监管不健全、供应商数量多规模小、消费者对大卖场式超市的青睐是通道费模式在中国盛行的原因[7]。李飞等(2013)通过对国内不同业态零售企业的案例分析,认为通道费模式的形成,是平均利润理论、市场趋向理论、双边市场理论、盈利模式理论、博弈理论和政府规制理论共同作用的结果。因此,通道费在总体上是合理的,政府"应保护零售业的发

---

[1] 董春艳,张闯.政治经济框架下的进场费问题研究:理论模型与研究命题[J].财贸经济,2007,(7):113-120.
[2] 胡学庆."通道费"的界定、合理性及利弊分析[J].上海经济研究,2008,(08):50-56.
[3] 林娜.通道费的经济学分析——基于转轨期间中国的案例[J].产业经济研究,2009,(06):80-87.
[4] 董丽丽.从家乐福现象看我国零供关系[J].北京工商大学学报(社会科学版),2011,(9):46-49.
[5] 王国顺,黄金.零售企业的盈利模式与价值链优化[J].北京工商大学学报(社会科学版),2012,(3):7-12.
[6] 依绍华.我国超市通道费问题研究[J].价格理论与实践,2012,(04):20-21.
[7] 刘磊,刘畅,乔忠.中日超市通道费盈利模式发展差异研究[J].中国流通经济,2012,26(01):75-80.

展","不能使出台的政策限制零售商获得社会平均利润率"①。张奎霞、郑成武(2017)分析了"多业态市场情绪"下零售通道费的形成机理,认为一些通道费是零售商转变为平台服务商的必然结果,另一些通道费是零售商为供应商提供各类促销服务的合理报酬,而通道费的高低由零售商较之供应商的博弈力量所决定②。

除了上述两个层面的研究成果之外,大量研究根据超市拥有的"交叉网络外部性"的性质,通过国外的双边市场理论分析通道费模式的行为逻辑(石齐、岳中刚,2008;岳中刚、赵玻,2008a,2008b;岳中刚,2009;岳中刚、石齐,2009;石齐、孔群喜,2009a,2009b;庄尚文、赵亚平,2009;曲创等,2009;曲创、臧旭恒,2010;孔群喜、石齐,2010;王为农、许小凡,2011;邱毅、郑勇军,2013;于霞,2013;左文进,2017)。在这些理论中,以超市为代表的传统零售商被视为一种双边市场,它们向供应商收取通道费被理解为平台接入费。而如前所述,双边市场理论的集大成者 Hagiu(2015)已经否定了超市是一种双边市场这个命题。事实上,超市经营者对其场内产品拥有定价权并从产品销售中赚取进销差价这一特征,使超市从根本上区别于典型的双边市场。这使得用双边市场理论分析通道费问题会产生诸多逻辑和技术上的问题,尤其是进销差价在模型中难以处理:常见的处理方式是把进销差价视为零售商向消费者收取的平台接入费。且不论这一处理方式违背边际成本加成定价等基本概念,仅考虑模型本身的自洽性,该处理方式也暗含诸多苛刻的假定,如消费者只购买全场产品中的一种,而不是进行"一站式购物"、产品之间完全对称的差异化等。因此,虽然双边市场理论是国外前沿理论中鲜有的与国内贸易经济领域直接相关的理论成果,但用该理论研究通道费问题在方法论上是有待商榷的。

---

① 李飞,胡赛全,詹正茂.零售通道费形成机理——基于中国市场情境的多业态、多案例研究[J].中国工业经济,2013,(03):124-136.
② 张奎霞,郑成武.多业态市场情绪下我国零售通道费的形成机理分析[J].商业经济研究,2017,(06):14-16.

2.4 研究评述

2.4.1 已有研究成果总结

通过文献综述可以看出,国内外理论界对通道费的收费机制、福利效应,以及通道费模式的形成机理和规制策略有着诸多不同解释和判断,因此我们有必要对已有的研究成果进行进一步归纳总结。根据前述分类标准,这里分别对特定种类的通道费研究以及通道费模式研究的理论成果进行总结。

1. 特定种类通道费研究总结

这里总结包括国外通道费理论的特定种类通道费研究成果。这类通道费研究的特点是,通过数理模型解释了某种收费情境下通道费的作用机制,并在所建立模型中计算了通道费的福利效应。表2-1归纳了不同情境、不同机制下通道费的福利效应。

表2-1 不同情境、不同机制下通道费的福利效应

收费情境	收费机制	福利效应		
		积极	消极	无影响或视情况而定
不对称信息下的新品费	信号发送	Kelly(1991);Lariviere & Padmanabham(1997);Desai(2000);王永培、袁平红(2011)		
	信息甄别	Chu(1992)		

续 表

收费情境	收费机制	福利效应		
		积极	消极	无影响或视情况而定
两部收费下固定费	竞争弱化	Innes & Hamilton(2012)	Shaffer(1991)	Innes & Hamilton(2013)
	上游排他		Shaffer(2005); Caprice & von Schlippenbach(2013)	
	投资激励	李陈华等(2018)		Foros(2009); 应珊珊等(2016)
	提升渠道利润	董烨然(2012); 李陈华(2014)		Innes & Hamilton(2006, 2009); 李伟、李凯(2014); 李伟等(2016)
	换品补偿			李陈华、王庚(2019)
三部收费下的预付费	下游排他		Marx & Shaffer(2007)	
	谈判地位提升		Marx & Shaffer(2010)	Baake & von Schlippenbach(2014)
	一体化	Miklós-Thal, Rey & Vergé(2011); 董烨然(2012)		
销售返利	下游排他		汪浩(2006)	
	销售激励			李玉峰等(2013)
	利润转移		王庚(2016)	
差别货架	优质货架	郑栋伟等(2012)	汪浩(2010)	

表 2-1 直观地呈现了特定种类通道费研究的基本情况：第一，不对称信息下的新品费已是一个成熟的研究领域。这体现在不同研究中通道费的作用机制和福利效应是相似的，即通道费是实现信息不对称下分离均衡的手段，一般不会降低福利水平。第二，学术界对非新品费形式的一次性通道

费的收费机制给出了众多的解释,不同收费机制下的福利效应是不尽相同的,甚至同一收费机制下的不同研究在福利效应上也有着不同的结论。因此,这类通道费研究尚未形成一个有代表性或普适性的理论成果。第三,关于线性通道费或销售返利的研究较少,且如前所述,已有研究由于缺乏对现实的了解,并没有正确设定线性通道费的收费规则,因此,理论界尚未对这类通道费进行有效的研究。第四,优质货架费的研究结论虽然不同,但这源于它们在"差别货架是否提高了市场容量"这一点上有不同的设定。而差别货架是否提高了市场容量是较容易判断的:端架、堆头显然能够起到引流的作用,进而带动品类总销量的提升,而不同品牌在同一柜式货架中分层摆放可能只会导致品类内部的销量转移。因此,根据已有的优质货架费的研究,如果将柜式货架中的各层分配给不同供应商并分别收费,可能会导致福利损失。但是,根据笔者调研,超市一般不会对各层货架进行差异化收费,而是主要根据"上小下大,同一品牌纵向陈列"的原则摆放商品。因此,优质货架费无论是在收费规则上还是在福利效应上都是积极的、正面的,这也是其在现实中没有争议的原因。

由此可见,当下通道费研究的现状是:新品费和优质货架费的研究已经较为成熟;诸如合同费的一次性通道费研究则没有形成一个统一的研究范式,如通道费应设定为两部收费中的固定费还是三部收费中的预付费尚无定论;销售返利或保底线性通道费研究仍很欠缺。因此,我们将销售返利和合同费作为本书的主要研究对象,不仅抓住了业内的现实关切,也弥补了已有理论研究的不足。另外,从表2-1的最后一列可以看出,大量研究在通道费的福利效应上得出了视情况而定的结论,这使得其无法纳入"效率理论"或"市场势力理论"中。因此,本章打破 Bloom et al.(2000)的分类标准[①],并按照通道费的作用机制进行分类,是十分必要的。

2. 通道费模式研究总结

这类通道费研究注重通过内省的方法从宏观或微观的角度解释通道

[①] 这并不是说 Bloom et al.(2000)的分类有误。从已有研究的出现时间可以看出,早期的通道费研究在通道费是否降低了福利水平的结论上往往是确定的。Bloom 等人根据当时已有的研究作出了科学的分类,只是该分类法无法囊括后续的通道费研究。

模式的形成机理,并根据该机理在逻辑上的合理性判断政府对通道费模式的规制策略。由于这类研究一般难以通过理论建模计算通道费的福利效应,我们从通道费模式的形成机理和相应机理下的规制策略这两个维度对已有研究进行总结。如表2-2所示。

表2-2 通道费模式的形成机理和规制策略

形成机理		规制策略		
		规制	不规制	视情况而定
微观	避税		李骏阳(2007);	
	均坪效		李骏阳(2009);	
	保底		刘向东、沈健(2007); 刘向东等(2015)	
	有效利用货架		吴志艳等(2015)	
宏观	市场势力、渠道权力、买方市场等	吴小丁(2004); 董丽丽(2011); 刘磊等(2012); 依绍华(2012)		董春艳、张闯(20007a,2007b); 王国顺、黄金(2012)
	竞争激烈、成本上升、追求平均利润等	董丽丽(2011); 邱力生、黄茜(2007)	李飞等(2013)	胡学庆(2008); 林娜(2009); 王国顺、黄金(2012); 张奎霞、郑成武(2017)

注:基于双边市场理论的通道费模式研究未参与分类。

不可否认,作为一种盈利模式或商业模式的通道费,其存在或普及确实有着较广泛的现实基础,而国内学者对这种现实基础的探索,则在一定程度上改变了人们对通道费模式的理解。但是,在某个角度上对通道费模式形成机理的理解并不能作为评判通道费好坏以及规制与否的依据。事实上,无法规范地分析通道费的福利效应,不仅是这种通道费研究范式固有的缺陷,也是商业经济学这门学科理论基础薄弱、方法论匮乏的一个缩影。

2.4.2　已有研究的不足之处

通过上述综述和总结可以看出,通过对国内外通道费研究的系统归纳,原本零散的通道费研究已经具备一定的体系性,但这不足以弥补已有研究本身的不足之处:

第一,已有研究并没有准确界定通道费的收费主体。在已有研究中,绝大多数研究者都将通道费的收费主体简单地设定为"零售商"。这种长期延续的模糊设定一方面使一些研究在研究对象的界定上出现了偏差,如把百货业的租金作为通道费问题的研究对象;另一方面使一些研究在研究方法的选择上出现了问题,如用联营制对应的双边市场理论分析通道费问题。可见,收费主体不明确是通道费理论研究中存在的重要问题,而本书将通道费收费主体界定为"以超市为代表的传统零售商"则较好地解决了该问题。

第二,已有研究没有正确设定通道费的收费规则。这一点主要体现在对线性通道费的研究上。如前所述,线性通道费或销售返利是零售商最主要的后台收入,它是终端销售额的一个比例,并有一个保底销售额。而在已有的理论研究中,要么将其设定为供应商货款的一个比例,要么将其设定为每单位销售收取的固定额度,且没有考虑保底销售额。显然,这种通道费研究缺乏现实意义。本书将销售返利作为主要研究对象,根据业界现实建立规范的保底线性通道费模型,则是对这一研究缺憾的回应。

第三,通道费研究的方法论不明确。该问题在一定程度上是商业经济学这门学科的共性问题。由于西方经济学缺少对交换的专门研究以及马克思商品流通理论的不系统性,商业经济学或流通经济学缺乏成熟的、通用的研究方法。这个问题在国内通道费研究上体现得尤为明显:一些学者借鉴国外文献通过纵向约束理论研究通道费(如董烨然,2012);一些学者在政治经济学分析框架下研究通道费(如董春艳、张闯,2007b);一些学者通过案例分析法研究通道费(如李飞等,2012);一些学者通过对现象的归纳总结和逻辑推演研究通道费(如李骏阳,2009);还有大量学者通过双边市场理论研究通道费。虽然各种研究方法本身没有优劣之分,但对于某个具体问题而言,应该有相对合适的研究方法。我们认为,通道费问题作为研究微观主体之间博弈行为的问题,较为适合在微观经济学或产业组织理论的框架下进行研究,以在通道费的福利得失这一核心问题上得出可信的结论。

第四,没有注意到业界在通道费模式上的转型。如前所述,这与研究者所处的时代背景相关。在本书中,我们将及时跟进并详细考察零售业这一新现象、新问题,从而在政府规制和行业发展上给出启发性建议。

2.5 本章小结

本章在对国内外通道费兴起回顾的基础上,对国内外通道费研究进行了归纳总结,不仅在一定程度上改变了国内通道费研究不成体系的现状,也为后续通道费研究提供了方向和方法上的参考。具体地,本章主要做了以下几个工作:① 回顾了国内外通道费的兴起和由此引发的冲突。② 介绍了国外通道费研究的最新进展,并在此基础上打破了早期的"效率理论"和"市场势力理论"的通道费研究分类标准。③ 明确了中国情境下的通道费和国外通道费在概念上的异同,即中国情境下的通道费是零售商的后台毛利,它在形式上包括但不限于国外文献中的通道费,在实质上与国内零售业特定的盈利模式相对应。④ 把国内零散的通道费研究按其研究对象分为"特定种类的通道费研究"和"通道费模式研究",并在此基础上详细介绍了各种研究角度的通道费理论成果。⑤ 总结了当下通道费研究的不足之处,从而印证了本书研究的理论意义和现实意义。总之,本章的文献综述不仅进一步明确了本书的研究价值,其本身也是对通道费理论的一个贡献。

第 3 章 保底线性通道费研究

本章研究保底线性通道费(即销售返利)的形成机理和福利效应。在进行数学建模之前,我们将首先建立一个逻辑分析框架,从而直观地呈现保底线性通道费的收费规则,并对这种通道费的形成机理作出初步的逻辑判断。在此基础上,我们建立一个规范的经济学模型,从均衡的角度分析保底线性通道费的形成机理和福利效应,同时揭示中国零售业盈利模式选择和转型的背后规律。

3.1 保底线性通道费及其基本逻辑[①]

首先说明保底线性通道费的收费规则,该类通道费有两个基本要素:保底销售额和扣点率。具体地,当零售商收取保底线性通道费时,零供之间的合约为:存在一个保底销售额 R,$R = p_s q$,其中,p_s 为收取保底线性通道费时的价格,q 为保底销量。在既定价格下,保底销售额等价于保底销量:若最终销量 $x_s \geqslant q$,则销售返利为 $sp_s x_s$;若 $x_s < q$,则销售返利为 sR,s 为扣点率。记此时的名义批发价为 w_s,则保底线性通道费实际上使得实际批发价(考虑返利时每单位商品的实际支付) w'_s 与销量相关:

$$w'_s = \begin{cases} w_s - sp_s \dfrac{q}{x_s} & x_s < q \\ w_s - sp_s & x_s \geqslant q \end{cases}$$

[①] 参见:刘向东,李子文,王庚.超市通道费:现实与逻辑[J].商业经济与管理,2015,(02):5-11.

由此可见,当 $x_s < q$ 时,w'_s 与 x_s 正相关,即当销量很低的时候,零售商只需支付很低的实际进价。因此,直观上看,保底线性通道费在一定程度上起到了规避低销量风险的作用。零售商此时的利润为:

$$\pi_r = \begin{cases} (p_s - w_s)x_s + sR & x_s < q \\ [(1+s)p_s - w_s]x_s & x_s \geq q \end{cases}$$

我们据此可以画出零售商的利润图,如图3-1所示:

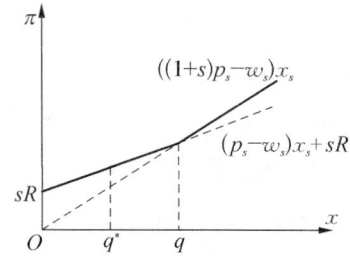

图3-1 保底线性通道费下的零售商利润

显然,此时零售商的利润线为一条斜率为正的折线,其截距项为最小返利额或保底返利额,转折点为保底销量点。

如果零售商不收通道费,则其利润 $\pi_r = (p_0 - w_0)x_0$,其中,p_0、w_0、x_0 为此时的售价、进价和销量。显然,这种合约下零售商的利润为从原点出发的斜率为正的射线。为了考察保底线性通道费的收费逻辑,我们对两种合约下的零售商利润进行汇总,如图3-2所示:

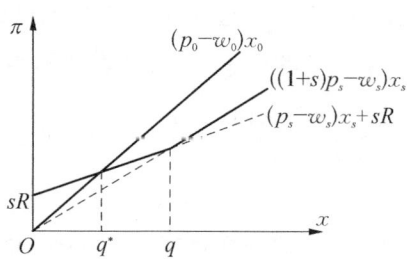

图3-2 零售商利润差异

在上图中,两条利润线相交于 q^* 点,这是零售商合约选择的临界点[①]。显然,当 $x \leqslant q^*$ 时,保底线性通道费下的利润更高,反之则相反。由于是否收取通道费的决策是事前的,因此,零售商对该商品的销售预期是其选择的决定因素。记销售预期为 q^e,显然当 $q^e < q^*$ 时,零售商选择收取保底线性通道费。

可以进一步发掘 q^e 和 q^* 的影响因素。首先考虑 q^e,零售商对某产品的销售预期首先取决于该产品的固有属性,如产品质量如何、是否是一线品牌等。并且一般来讲,产品的质量或品牌度越高,则零售商对该产品的销售预期就越高。因此,产品质量或品牌度是影响 q^e 的重要因素。另外,零售商的销售预期还取决于自身的运营能力,主要是提供分销服务的能力,因为零售企业的实质就是通过对商品提供分销服务,以降低消费者的交易成本并实现自身利润最大化(Betancourt, 2004)[②]。当然,销售预期作为一主观变量,还受企业经营者风险态度的影响。因此,产品的销售预期既取决于产品的质量或品牌度,又取决于零售商自身的运营能力和风险态度。姑且假定企业经营者为风险中性的行为人,则销售预期完全地取决于产品质量和运营能力,且与其正相关。q^* 的影响因素则较为简单。根据利润的表达式,可以求出 $q^* = sR/(r_0 - r_s)$,其中,r_s、r_0 分别为收取和不收取通道费时的名义毛利额。显然,在既定的进价和售价下,q^* 取决于最小返利额或保底返利额 sR。那么,sR 又由什么决定呢?我们认为,零售商能够获得多高的保底返利,主要取决于其相对于供应商的市场势力或渠道权力。进而,如果零售商的市场势力越大,则 q^* 越大。这样一来,我们就可以初步推断保底线性通道费的背后逻辑:如果产品的质量不高、品牌度不够,零售商也不具备一定的运营能力或分销能力,却拥有较大的市场势力,以至于 $q^e < q^*$ 成立,则零售商就会收取保底线性通道费。

---

① 理论上,不同合约下的利润线也可能没有交点。通过计算可以发现,要使两条利润线相交,则 $r_s + sp_s < r_0$ 必须成立,其中 r_s、r_0 分别为收取和不收取通道费时的名义毛利额。而该不等式的含义是:零售商收取通道费时的最小综合毛利,小于其不收通道费时能够获得的毛利水平。我们认为,这在逻辑上是成立的,这种低毛利水平是其收取通道费并获得保底的代价。

② Betancourt R. *The Economics of Retailing and Distribution*[M]. Northampton: Edward Elgar Publishing, 2004.

由此可见,除了产品质量或品牌度这类因素之外,零售商的市场势力和运营能力是决定是否收取这类通道费的主要因素。但我们可以进一步推断,在零售商是否收取保底线性通道费的选择上,市场势力较之运营能力应更具决定意义:如果零售商的市场势力很低,从而能获得保底返利额 sR 很小,则临界销量 q^* 就很小,而如前所述,期望销量 q^e 同时取决于商品本身的属性和零售商的运营能力,即使零售商的运营能力近乎为零,或者说零售商几乎无法提供任何形式的分销服务,则由于商品本身能够消费者带来效用,零售商仍会预期一个正的销量。因此,如果零售商的市场势力足够小,则任一运营能力下的销售预期都会超过临界点,从而使不收通道费将成为零售商的恒定选择;如果零售商的市场势力如此之高,以至于相应的q^*超过了零售商运营能力上限值所对应的期望销量,从而使 $q^e < q^*$ 恒成立,则收取保底线性通道费就成为零售商的恒定选择。在这个意义上,对于既定的商品,零售商是否会收取保底线性通道费,首先取决于其市场势力,其次取决于其运营能力。

另外,如前所述,保底线性通道费在直观上起到了规避销售风险的作用,而如果不存在销售风险,则这种通道费就没有意义。可以预见,随着销售风险的增加,这种合约规避风险的作用也会更加明显。我们进而预判,当销售风险或需求不确定性较大时,零售商更倾向于收取这类通道费。

至此,保底线性通道费的收费逻辑已推演完毕。总的来说,零售商的合约选择取决于其运营能力、市场势力以及产品质量和销售风险。在既定的商品下,拥有较大市场势力却不具备一定运营能力的企业倾向于收取这种通道费,且市场势力在零售企业的合约选择中起到更重要的作用。但是,在这一分析框架中,市场势力的大或小,以及产品质量和运营能力的高或低只是一个难以定义的宽泛界定,我们无法从中得出一个理论上的临界点,且通道费的福利效应也无法评估。另外,在该分析框架中,为了简化分析,我们将价格视为外生变量,但严格来讲,产品质量、市场势力或运营能力也会影响价格的形成。因此,上述分析框架虽然在保底线性通道费的收费逻辑上给出了颇具启发性的结论,但总体上并不足够严密和完备。在下文中,我们将在该逻辑框架的基础上,建立一个量化产品质量、市场势力、运营能力和需求不确定性的数理模型,从而规范地考察保底线性通道费的形成机制和福利效应。

3.2 保底线性通道费模型

本节的模型是基于需求不确定性的零供博弈模型。该模型的目的是通过均衡分析考察保底线性通道费的福利效应,即通道费是否降低了供应商利润、提高了价格、降低了消费者福利和社会总福利,并通过这种通道费的形成机理揭示中国零售业盈利模式选择和转型的背后规律。

3.2.1 模型框架

首先考虑模型的市场结构。设定上游有一个供应商,通过一个零售商向消费者出售产品。为了刻画消费者行为,我们以 Mussa 和 Rosen(1978) 在分析垄断和产品质量时所用到的效用函数为分析基点:$U=\vartheta k-p$[①]。其中 k 为产品质量或档次,p 为价格,ϑ 为消费者对质量的看重程度,它为在 $[0,1]$ 上均匀分布的随机变量,k 由此也是保留价格的上限。由于高质量产品的价格也较高,因此 ϑ 可以理解为消费者在质量和价格上的取舍。设定消费者对产品有单位需求,且当 $U\geqslant 0$ 时,消费者会选择购买,反之,消费者放弃购买。因此,单个消费者购买行为可以写为:

$$q=\begin{cases}1 & U\geqslant 0\\ 0 & U<0\end{cases} \quad (3-1)$$

其中,q 为单个消费者的购买量。最后,假定消费者人数为连续统 1。

为了研究零售企业在面临销售风险时基于运营能力作出的合约选择,这里我们对上述效用函数进行拓展。首先考虑运营能力的刻画。上文提

---

① Mussa M, Rosen S. Monopoly and Product Quality[J]. *Journal of Economic Theory*, 1978, 18(2): 301-317.

到，零售商的运营能力就是提供分销服务的能力，而分销服务的作用是降低消费者的交易成本。记消费者的总交易成本为 c，企业的运营能力为 λ，这里把零售企业的运营能力定义零售企业为在多大比例或多大程度上降低了消费者的交易成本，因此 $\lambda \in [0,1]$。进而，在既定运营能力 λ 下，消费者面临的交易成本为 $(1-\lambda)c$，该交易成本和商品价格共同形成了消费者的总购买成本。为了体现销售风险或需求不确定性，我们设定消费者效用面临着不确定性冲击 η，η 为 $[-u,u]$ 上均匀分布的随机变量①，其方差为 $u^2/3$，因此 u 可以作为需求不确定性或销售风险的度量。另外，假定 $u \geqslant k/144$，该假定即是说需求不确定性的程度较之保留价格并不"十分小"，它会在后续讨论中起到简化分析的作用。基于上述设定，消费者效用函数可以写为：

$$U = \vartheta k - [p + (1-\lambda)c] + \eta \tag{3-2}$$

根据上述效用函数，以及(3-1)式的消费者行为，可以求出：

$$q = \begin{cases} 1 & \vartheta \geqslant \vartheta^* \\ 0 & \vartheta < \vartheta^* \end{cases} \tag{3-3}$$

其中，$\vartheta^* = \dfrac{[p + (1-\lambda)c] - \eta}{k}$。上式所描述的消费者行为可以用图 3-3 更直观地表示：

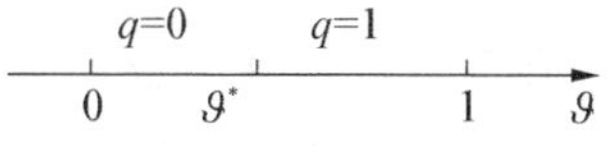

图 3-3 消费者行为

在上图中，描述消费者偏好的 ϑ 取值范围为 $[0,1]$，而 ϑ^* 也位于 $[0,1]$ 上。这是由于 ϑ^* 是价格的函数，而零售商显然不会把价格定在使 $\vartheta^* > 1$ 的水平上，因为这会使销量为 0；零售商也不会将价格定在使 $\vartheta^* < 0$ 的水平上，因为这意味着价格为负。因此有 $\vartheta^* \in [0,1]$。又由于 ϑ 为在 $[0,1]$ 上服从均匀分布，因此在既定的 ϑ^* 下，容易求出市场需求函数。记市场需求为 X，

---

① 显然，这里的不确定性冲击不同于白噪音。因此，我们所考虑的不确定性，主要是由消费者心理波动或信息不完全所导致的不确定性，而不是物理学意义上客观存在的、无法消除的不确定性。

则 $X = 1 - \vartheta^*$，它为一均匀分布的随机变量。记该随机变量的下限为 x_1，上限为 x_2，密度函数为 $f(x)$，期望值为 x，则：

$$x = 1 - \frac{p + (1-\lambda)c}{k} \qquad (3-4)$$

且 $x_1 = x - \frac{u}{k}$，$x_2 = x + \frac{u}{k}$，$f(x) = \frac{k}{2u}$。至此，消费者行为的设定和市场需求的求解已经完成。

完成市场结构和市场需求的设定后，就可以考虑零供之间的博弈过程了。我们设定零售商和供应商进行一个三阶段博弈：在第一阶段，供应商制定批发价 w；在第二阶段，零售商根据批发价制定零售价 p；在第三阶段，双方在既定的 p 下谈判制定保底销售额和扣点率。前两个阶段是典型的零供博弈顺序，第三阶段的博弈则体现了保底线性通道费的特殊之处，需要对其进一步设定。

考虑保底销售额的形成。在现实中，由于零售商和其供应商大多保持长期合作关系，保底销售额通常是根据上一到两期的销售情况来制定的。那么，当零供双方初次合作的时候，保底销售额是如何制定的呢？我们认为，在对商品的属性和市场前景充分了解后，双方会对商品在既定价格水平下的销售情况作出比较一致的评估，进而，零售商会要求在销售额上下限之间的某个数额作为保底销售额。至于这个数额是更接近上限值还是下限值，则取决于零供双方的力量对比。另外，由于此时零售价已经确定，对保底销售额的谈判就等价于对保底销量的谈判[①]。进而，我们将保底销量设定为：

$$q = x_1 + b(x_2 - x_1) = 1 - \frac{p + (1-\lambda)c + u}{k} + b\frac{2u}{k} \qquad (3-5)$$

其中，q 为保底销量，$b \in [0,1]$ 为"保底率"，它表示零售商能够在多大程度上保底。当 $b=0$ 时，零售商无法制定保底销售额；当 $b=1$ 时，零售商以销售

---

① 如果考虑由诸如促销活动导致的单时期内出现多个价格的情况，则保底销售额就不等价于保底销量了。但这不是本书的研究范围。

额的上限为保底销售额。在后面的模型求解过程中,可以证明零售商的均衡利润关于 b 单调递增,供应商的均衡利润关于 b 单调递减,这样零售商总会尽可能地获得更高的保底,而供应商则尽可能地不交保底。因此,保底率 b 的大小直观地体现了零供双方的力量对比。在下文中,我们将用保底率 b 作为衡量零售企业市场势力的指标。

至此,零售商的市场运营能力 λ、市场势力 b 和需求不确定性程度 u 的设定都已完成。另外,为规避需求不确定性导致的退货和最优订货量等问题,假定零售商的库存可以随时调整。最后,假定零售商的运营成本和供应商的生产成本都为0。下面我们用逆向求解法求解该模型。

3.2.2 模型求解

首先考虑下游零售商的行为。根据保底线性通道费或者说"保底返利"合约的构成要素,零售商的最大化行为可以写为:

$$\max_{p} \pi_r = (p-w)x + \int_{x1}^{q} spqf(x)dX + \int_{q}^{x2} spXf(x)dX$$

其中,w 为批发价,s 为"返点率"。上式的第一项为零售商的前台毛利,第二项为销量未达标时后台毛利的期望值,第三项为销量达标时后台毛利的期望值。该最大化问题的一阶条件为:

$$p = \frac{w + usb^2 + (1+s)[k-(1-\lambda)c]}{2(1+s)} \tag{3-6}$$

类似地,供应商的最大化行为可写为:

$$\max_{w} \pi_s = wx - \int_{x1}^{q} spqf(x)dX - \int_{q}^{x2} spXf(x)dX$$

其中,p 为如(3-6)式所示的 w 的函数,进而 x 也为 w 的函数。该最大化问题的一阶条件为:

$$w^* = \frac{(1+s)^2[k-(1-\lambda)c] - (2+s)usb^2}{2+s} \tag{3-7}$$

这便是均衡时的批发价格。进一步可求出均衡的零售价和期望销量：

$$p^* = \frac{(3+2s)[k-(1-\lambda)c]}{2(2+s)} \qquad (3-8)$$

$$x^* = \frac{k-(1-\lambda)c}{2(2+s)k} \qquad (3-9)$$

注意均衡价格和均衡销量与保底率 b 的大小无关。简单的比较静态分析可以得出：

$$\frac{\partial p^*}{\partial s} = \frac{k-(1-\lambda)c}{2(2+s)^2} > 0 \qquad (3-10)$$

至此，我们已经得出了本模型的第一个重要结论：保底线性通道费提高了最终的零售价格，且零售商收取的扣点越高，零售价就越高。因此，消费者福利由于保底线性通道费带来的提价效应而降低。

在直觉上，该结论背后的原因似乎是，供应商会通过提高批发价格部分地冲抵后台费对其负面影响，这种高批发价对零售商来说意味着高边际成本，零售价格由此提高。但价格提高的背后机理并非如此。令(3-7)式中的 $s=0$，并将其从(3-7)式中减去，即可得到通道费导致的批发价变化 Δw，如(3-11)式所示：

$$\Delta w = [k-(1-\lambda)c]\frac{s(3+2s)}{2(2+s)} - usb^2 \qquad (3-11)$$

上式的第一项为正值，第二项为负值。因此，Δw 的正负是视情况而定的，即供应商未必总能够以提高批发价作为对零售商收费行为的反应。原因是，"保底"的存在压缩了供应商的提价空间：如果供应商提高批发价格，则零售价必然提高，根据保底线性通道费的收费规则，一方面提高了供应商的单位返利额 sp，另一方面也加大了供应商落入"保底陷阱"的概率，因为更高零售价下的销量更低了。可见，保底线性通道费下的高价格并不直接产生于高通道费导致的进价变化。事实上，从(3-6)式可以看出，零售商的价格反应函数不仅是进价的函数，也是扣点率和保底率的函数。因此，保底线性通道费不仅改变了零售商的边际成本（进价），也改变了零售商的定价机制。这两种效应的加总最终导致了均衡价格的提高。

对于供应商来说,可以预见通道费降低了其利润水平。供应商均衡利润关于扣点率和保底率的比较静态分析说明了这一点,这里直接给出结果:

$$\frac{\partial \pi_s^*}{\partial s} = -\frac{[k-(1-\lambda)c]\{k-(1-\lambda)c+[2b(2+s)]^2 u\}}{4k(2+s)^2} < 0$$

(3-12)

$$\frac{\partial \pi_s^*}{\partial b} = -\frac{2usb[k-(1-\lambda)c]}{k} < 0 \qquad (3-13)$$

因此,无论是保底还是扣点,其从无到有、从小到大都将使供应商的利润下降。这一点是符合直觉的,因为这种通道费不仅攫取了供应商利润,还通过"保底"压制了供应商反制的空间。这也是通道费下零供矛盾激烈、工商关系紧张的原因。

最后计算保底线性通道费下社会总福利的损益。这首先需计算出消费者福利。根据消费者行为的设定,在均衡价格 p^* 下, $\vartheta > [p^* + (1-\lambda)c]/k$ 部分的消费者会选择购买。进而,均衡时的消费者剩余为:

$$CS = \int_{\frac{p^*+(1-\lambda)c}{k}}^{1} \{\vartheta k - [p^* + (1-\lambda)c]\} d\vartheta = \frac{[k-(1-\lambda)c]^2}{8(2+s)^2 k}$$

(3-14)

而零供总利润为:

$$\Pi = \pi_r^* + \pi_s^* = p^* x^* = \frac{(3+2s)[k-(1-\lambda)c]^2}{4(2+s)^2 k} \qquad (3-15)$$

定义社会总福利为企业利润和消费者剩余的加总,即 $W = CS + \Pi$,进而可以求出:

$$W = \frac{[k-(1-\lambda)c]^2}{8(2+s)^2 k}(7+4s) \qquad (3-16)$$

它同样与保底率 b 无关。通过比较静态分析可以得出:

$$\frac{\partial W}{\partial s} = -\frac{(3+2s)[k-(1-\lambda)c]^2}{4k(2+s)^3} < 0 \qquad (3-17)$$

因此,保底线性通道费降低了社会总福利,且扣点越高,社会总福利水平越低。至此,模型的福利效果已经求解完毕,并有如下命题:

命题 3-1: "通道费模式"是一种纯粹"损人利己"的机制设计,它挤占了供应商利润,提高了价格,降低了消费者福利和社会总福利。

刘向东等(2015)曾对这种通道费模式进行了开创性的研究,但由于没有精确设定零售商的收费规则,得出了通道费只是渠道成员间的转移支付,不影响价格和福利的结论[1]。通道费提高了商品价格,在直观上与超市内某些商品价格虚高的现实相吻合,在理论上也与已有的通道费实证研究结论相一致(王庚、黄雨婷,2016)[2]。结合通道费对上游利润的挤占,这一市场行为应该受到政府规制。但是,如前所述,现实中超市业已经开始主动摒弃通道费的商业实践。在下文中,我们将通过对保底线性通道费形成机理的考察,揭示当下超市业盈利模式的转型的背后逻辑,并为政府规制策略提供可行的建议。

3.2.3 保底线性通道费的形成机理

分析保底线性通道费的形成机理的前提是收取通道费不是零售商的恒定选择。在前文的逻辑推演中,这已被初步论证。现在我们通过均衡分析进一步考察该问题。首先对零售商的均衡利润作关于扣点 s 和保底率 b 的比较静态分析:

$$\frac{\partial \pi_r^*}{\partial b} = \frac{2usb[k-(1-\lambda)c]}{k} \quad (3-18)$$

$$\frac{\partial \pi_r^*}{\partial s} = \frac{[k-(1-\lambda)c]\{4b^2(2+s)^3 u - s[k-(1-\lambda)c]\}}{4k(2+s)^3} \quad (3-19)$$

显然,如果(3-18)式和(3-19)式同时为正,即零售商利润总随着保底率和扣点率的增加而增加,则"通道费模式"就是零售商的恒定选择。通过对这

---

[1] 刘向东,王庚,李子文.国内零售业盈利模式研究——基于需求不确定性的零供博弈分析[J].财贸经济,2015,(9):80-91.
[2] 王庚,黄雨婷.零售商通道费的福利研究——基于时间序列和面板数据的实证分析[J].产业经济评论(山东大学),2016,15(4):96-121.

两式的观察可以发现,$\partial \pi_r^*/\partial b$ 恒为正,并且是(3-13)式所示的 $\partial \pi_s^*/\partial b$ 的相反数,但 $\partial \pi_r^*/\partial s$ 的正负是视情况而定的。因此,该比较静态分析没有支持零售企业会恒定地选择"通道费模式"的情况,这为下文分析零售商盈利模式的形成机理留下了空间。另外,$\partial \pi_r^*/\partial b$ 和 $\partial \pi_s^*/\partial b$ 互为相反数也证实了本书将保底率 b 作为零售商市场势力衡量指标的依据:b 的大小是零供之间零和博弈的结果。在下文中,我们将考察市场势力、运营能力和产品属性如何影响企业的选择。

零售商是否收取通道费取决于在均衡状态下这种通道费能否带来更高的利润。首先写出保底线性通道费下零售商的均衡利润:

$$\pi_r^* = \frac{(1+s)[k-(1-\lambda)c]^2 + 4(2+s)^2 usb^2[k-(1-\lambda)c]}{4k(2+s)^2}$$

(3-20)

令 $s=0$,即可写出零售商不收通道费时的均衡利润,记其为 $\pi_r^*(0)$:

$$\pi_r^*(0) = \frac{[k-(1-\lambda)c]^2}{16k}$$

(3-21)

进而,保底线性通道费给其带来的利润增量为:

$$\Delta\pi = \pi_r^* - \pi_r^*(0) = \frac{s[k-(1-\lambda)c]\{16b^2(2+s)^2 u - s[k-(1-\lambda)c]\}}{16k(2+s)^2}$$

(3-22)

显然当 $\Delta\pi > 0$ 时,企业选择收取保底线性通道费;反之则相反。

在具体分析 $\Delta\pi$ 的影响因素之前,有一点值得说明:如果令(3-22)中的 $b=0$,则 $\Delta\pi = -\frac{s^2[k-(1-\lambda)c]^2}{16k(2+s)^2} < 0$。这意味着如果零售商收取无保底的销售返利,则其状况一定变差。这种情况的背后逻辑是,如果零售商不收保底,则供应商就会对其收费行为作出充分的反应,即大幅提高批发价格,这既降低了其前台毛利,又通过价格传导降低了销量,最终降低了零售商的均衡利润。因此,收取"纯销售返利"是不明智的。这也是现实中零售商主动收取的销售返利一定会有"保底"的原因。下面具体分析保底线性通

道费的形成机理。

记 $\Delta = 16b^2(2+s)^2 u - s[k-(1-\lambda)c]$。由于在 $\Delta\pi$ 中,除了 Δ 项外,其余各项都为正,因此 $\Delta\pi > 0 \Leftrightarrow \Delta > 0$,反之亦然。下面考察 Δ 的正负。

将 Δ 改写为 $\Delta(\lambda) = -sc\lambda + 16b^2(2+s)^2 u - s(k-c)$。这意味着将 Δ 视为关于 λ 的一次函数,如图 3-4 所示。

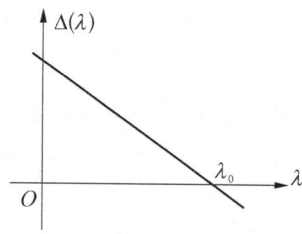

图 3-4 保底线性通道费下的利润增量

其中,$\lambda_0 = 1 - \dfrac{sk - 16b^2(2+s)^2 u}{sc}$ 为 $\Delta(\lambda)$ 与横轴的交点,它可以被视为临界运营能力。从表面上看,由于 $\Delta(\lambda)$ 关于运营能力 λ 单调递减,因此,只要 λ 足够高,保底线性通道费的利润增量就为负,企业就会放弃这种通道费。但是 λ 是有上限的:由于 λ 被定义为零售企业能在多大比例上降低消费者的交易成本,因此 λ 的上限为1。进而,如果 $\lambda_0 > 1$,则 $\Delta(\lambda) > 0$ 恒成立,企业会恒定地收取保底线性通道费;如果 $\lambda_0 < 0$,则 $\Delta(\lambda) < 0$ 恒成立,企业会恒定地选择不收通道费;如果 $0 \leqslant \lambda_0 \leqslant 1$,则当 $\lambda \leqslant \lambda_0$ 时,企业会选择收取通道费,当 $\lambda > \lambda_0$ 时,企业会选择不收通道费。下面分别讨论这三种情况。

为方便讨论,将 λ_0 写成 $\lambda_0(b) = \dfrac{16(2+s)^2 u}{sc} b^2 - \dfrac{k-c}{c}$,即将 λ_0 视为 b 的二次函数,如图 3-5 所示:

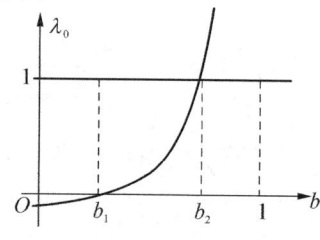

图 3-5 临界运营能力

将图 3-5 中 $\lambda_0(b)$ 与 $\lambda_0=0$、$\lambda_0=1$ 的交点分别记为 b_1、b_2，且有 $0<b_1<b_2\leqslant 1$。这是可以证明的：根据 $\lambda_0(b)$ 的表达式，显然有 $0<b_1<b_2$，因此只需证明 $b_2\leqslant 1$。

证明：容易解出 $b_2=\dfrac{\sqrt{sk}}{4(2+s)\sqrt{u}}$；

要证 $b_2\leqslant 1$，即证 $g(s)=-16us^2+(k-64u)s-64u\leqslant 0$ 在 $[0,1]$ 上成立；

显然 $g(s)$ 为关于 s 开口向下的二次函数，对称轴为 $\bar{s}=\dfrac{k-64u}{32u}$，如图 3-6 所示。

若 $k<64u$，则 $\bar{s}<0$，此时 $g(s)$ 在 $s\in[0,1]$ 上单调递减，又由于 $g(0)=-64u<0$，因此当 $k<64u$ 时，$g(s)\leqslant 0$ 在 $s\in[0,1]$ 上成立；

若 $k\geqslant 64u$，则 $\bar{s}\geqslant 0$，此时 $g(s)$ 在 $s\in[0,\bar{s}]$ 上单调递增。记此时 $g(s)$ 与横轴的左侧交点为 s_1，若 $s_1\geqslant 1$，则有 $g(s)\leqslant 0$ 在 $s\in[0,1]$ 上成立。容易解出 $s_1=\dfrac{k-64u-\sqrt{k^2-128uk}}{32u}$，而在 $u\geqslant k/144$ 的假定下，可以证明 $s_1\geqslant 1$。因此当 $k\geqslant 64u$ 时，$g(s)\leqslant 0$ 在 $s\in[0,1]$ 上成立。

综上，$g(s)\leqslant 0$ 在 $s\in[0,1]$ 上总成立，因此 $b_2\leqslant 1$ 成立。证毕。

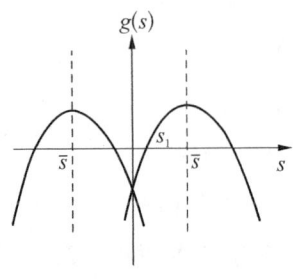

图 3-6 $g(s)$ 示意图

回到图 3-5 所示的 $\lambda_0(b)$。根据该图可以得出，当 $b\in[0,b_1)$ 时，$\lambda_0<0$，此时 $\lambda>\lambda_0$ 恒成立；当 $b\in(b_2,1]$ 时，$\lambda_0>1$，此时 $\lambda<\lambda_0$ 恒成

立;当 $b\in[b_1,b_2]$ 时,$0\leqslant\lambda_0\leqslant1$,此时 λ 和 λ_0 的大小关系视情况而定。因此,当 $b\in[0,b_1)$ 时,企业不会收取通道费;当 $b\in(b_2,1]$ 时,企业会恒定地收取保底线性通道费;当 $b\in[b_1,b_2]$ 时,若 $\lambda\leqslant\lambda_0$ 则企业选择收取通道费,若 $\lambda>\lambda_0$ 则企业不会收取通道费。这一收费机制可由图3-7高度概括:

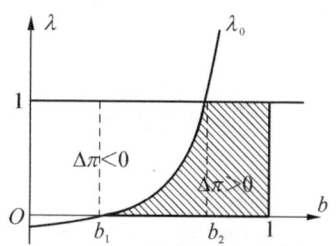

图3-7 保底线性通道费的形成机理

在图3-7中,横轴仍为市场势力 b,但纵轴为运营能力 λ。根据定义,市场势力 b 和运营能力 λ 的取值都为 $[0,1]$,且任一运营能力和市场势力的企业都落在由 b 和 λ 围成的矩形区域中。临界运营能力 λ_0 将该矩形区域一分为二,处于左侧空白区域的企业选择批发价合约,处于右侧阴影部分的企业选择通道费合约。由此有如下命题:

命题3-2:零售商采取何种盈利模式是基于自身条件作出的理性选择:如果零售商的市场势力很小($b<b_1$),则会选择不收通道费的购销差价模式;如果零售商的市场势力很大($b>b_2$),则会选择通道费模式;如果零售商拥有"一定程度"的市场势力($b_1\leqslant b\leqslant b_2$),则其盈利模式取决于自身运营能力的高低,低运营能力($\lambda\leqslant\lambda_0$)的企业选择通道费模式,高运营能力($\lambda>\lambda_0$)的企业选择购销差价模式。

总之,零售企业的合约选择首先取决于其市场势力的大小,其次取决于运营能力的高低。另外,根据前文的逻辑推演,零售商是否收取通道费,不仅与零售商自身的市场势力和运营能力相关,也应与商品自身属性相关,如商品是否为一线产品,商品需求不确定性程度的高低等。而通过对上述通道费形成机理的进一步分析,可以得到这些方面的结论:将临界运营能力 λ_0

作关于其他外生变量的比较静态分析①,可以得到:

$$\frac{\partial \lambda_0}{\partial k} = -\frac{1}{c} < 0 \quad (3-23)$$

$$\frac{\partial \lambda_0}{\partial c} = \frac{k}{c^2} > 0 \quad (3-24)$$

$$\frac{\partial \lambda_0}{\partial u} = \frac{16b^2(2+s)^2}{sc} > 0 \quad (3-25)$$

(3-23)式的含义是,随着产品质量 k 越高,图 3-7 中的 λ_0 线将向右下方移动,这将使得 b_1、b_2 同时增大。这意味着更高的产品质量既压缩了零售商恒定收取通道费的区间,又降低了其摒弃通道费所需要的临界运营能力。因此,产品质量很高时,零售商如果想在保底线性通道费下更有利可图,就需要很高的市场势力作为支撑,而高质量产品的供应商通常较为强势,这使得此时的零售商往往只有较小的市场势力,从而使收取通道费变得无利可图。这就是现实中零售商一般不对一线产品收取保底返利的原因。(3-24)、(3-25)两式则具有相反的含义:更高的交易成本或更高的需求不确定性使 λ_0 线将向左上方移动,这将使 b_1、b_2 同时减小。因此,更高的交易成本或更高的需求不确定性将使零售商更倾向于收取保底返利。这也与现实相吻合:一些交易成本较高的商品品类,如家用电器,以及一些非周期性消费的商品品类,如休闲食品,都是零售商后台费的重要来源。进而有如下命题:

命题 3-3:从商品或品类的角度来看,商品的质量或档次越低,交易成本和需求不确定性越高,则零售商倾向于在这类商品上采取通道费模式;反之,零售商倾向于采取购销差价模式。

至此,保底线性通道费形成机理的均衡分析已经完成。从企业的角度

---

① 这里没有作关于 s 的比较静态分析,因为此处扣点率 s 的含义是不明确的。在直觉上,s 可以认为是"市场势力"的衡量指标,即零售商的市场势力越大,能够获得的扣点率越高。但是,这种语境下的 s 实际上指的是零售商获得的扣点率的"上限",而非合同中的扣点率。这两者是有差异的:零售商的均衡利润只在部分区间上关于 s 单调递增(如 3-16 式所示),因此零售商并不总是要求将能够获得的扣点率的上限值写入合同。而本章中的 s 显然指的是合同中的扣点率,而非其上限值。因此,模型中的 s 无法作为衡量零售商市场势力的指标。事实上,可以求出当均衡利润关于扣点率单调递增时对应的 s,并能够发现此时的扣点率只影响零售商利润的大小,不影响零售商利润增量的正负,即不影响零售商在是否收通道费上的选择。这说明保底线性通道费的核心不在于后台返利,而在于用保底规避了风险。

来看,零售商的市场势力和运营能力是其合约选择的决定因素;从商品的角度来看,商品的质量或档次、交易成本和需求不确定性也影响了零售商在通道费上的选择。表3-1归纳了这些因素及其对零售商收费行为的影响。

表 3-1 保底线性通道费形成机理的影响因素

影响因素		影响方向
企业层面	市场势力	＋
	运营能力	－
商品层面	质量或档次	－
	交易成本	＋
	不确定性	＋

注:"＋"号表示该因素对零售商的收费行为起到正向推动作用,"－"号则有相反的解释。

表3-1和图3-7完整地归纳了零售商在是否收取保底线性通道费或销售返利问题上的决策依据,在相当程度上揭示了零售商盈利模式的选择机制。在下文中,我们将以保底线性通道费的形成机理为基础,论述国内零售业盈利模式的选择和转型的背后规律。

3.3 从保底线性通道费的形成机理看零售业盈利模式的转型

3.3.1 零售商盈利模式转型的定义

严谨地分析零售业盈利模式的转型,首先需要对"盈利模式转型"进行定义。由于盈利模式是企业利润来源的路径组合,零售商对后台费这一利润来源的摒弃就是盈利模式的转型。但是,后台费本身是多样的,是否摒弃所有种类的后台费才可以称之为"盈利模式转型"?如果不是,对哪些通道费用的摒弃可以称之为盈利模式的转型?这个问题需要进一步界定。

首先,不能将盈利模式转型定义为零售商放弃所有后台费用而纯粹依靠购销差价盈利。如前所述,后台费包括新品费和优质货架费,而这两类费用既与业界的零供矛盾无关,又改善了福利水平。显然,盈利模式的"转型"不应涉及新品费和优质货架费。

那么,是否需要将盈利模式转型定义为"零售商对除新品费和优质货架费以外的一切后台费用的摒弃"呢?对这个问题的回答需换个角度。我们常说,盈利模式的转型即回归传统零售。那么,怎样的盈利模式符合"传统零售"呢?欧美国家的零售盈利模式("家乐福模式"除外)是否算是传统零售?答案应是肯定的。一方面,欧美国家零售业虽然存在"通道费",但并无"通道费模式"一说,即欧美国家零售商的收费行为并不足以使依靠购销差价盈利的商业模式发生质的变化;另一方面,如果欧美国家零售业的盈利模式仍不算"传统盈利模式",则零售业主动转型为一种当下并不存在的盈利模式就是"虚妄"的。因此,如果零售业能够摒弃"扣点"这种中国市场情境特有的通道费用,就可以被认为是进行了盈利模式的转型。事实上,"扣点"在大多数语境下就是"通道费模式"的代名词。基于此,本书将零售业盈利模式的转型定义为"零售商对销售返利或保底线性通道费的摒弃"。

3.3.2 零售业盈利模式的选择和转型

本节根据前文所述的保底线性通道费的形成机理考察零售业盈利模式的选择和转型。

在企业层面上,我们得到了拥有较高市场势力却不具备一定运营能力的零售企业选择通道费模式的结论。该结论可以解释"沃尔玛模式"和"家乐福模式"的产生和固化。沃尔玛和家乐福作为覆盖全球的零售企业,在中国很难下沉到县一级行政区划,因此供应商并不依赖它们将产品销售到县乡之中,而市区发达的商业又使其面临着激烈的横向竞争,因此,即使在市区中沃尔玛和家乐福也不具备绝对的渠道优势。这些因素使它们实际上只拥有相对较小的市场势力。沃尔玛可以基于强大的运营能力采取进销价差模式,而家乐福只能选择通道费盈利模式。而与这种布局全球的国外零售企业不同,本土零售商可以通过扎根县乡等基层行政区划,成为区域性零售巨头,加之历史上形成的区位优势和顾客认可度,使供应商对这类零售商有着很高的依赖度,本土零售商由此拥有了较大的市场势力。由于较高市场势力的零售商采取传统盈利模式所需要的运营能力也较高,甚至无法达到。因此,虽然本土零售商的运营能力参差不齐,但通道费盈利模式仍为本土零售商普遍采用。

明确了零售商盈利模式的形成机制,就可以分析零售商盈利模式的转型了。总的来说,这是零售商市场势力和运营能力此消彼长的结果。一方面,电子商务的普及使得生产商容易通过入驻B2C、C2C电商平台销售商品,从而对实体零售的依赖大大降低,实体零售商的市场势力相应弱化。而近年来,移动互联网技术的成熟、网上消费习惯的形成和网上零售额的大幅增长更使实体零售的渠道地位今非昔比。正如笔者在业界调研所听到的:"十几年前,供应商求着超市采购他们的产品,因为当时供应商没有更多的分销渠道,产品要么进入超市,要么进入夫妻店,而如今市场环境已经改变,供应商开始挑选超市了"。零售企业渠道权力的弱化可见一斑。另一方面,信息技术对零售企业的业务流程带来了革命性影响,一些全新的资源管理技术和产品营销方式开始为实体零售商采用,并在相当程度上提高了零售商的运营能力,如大数据、云计算在用户画像上的应用、区块链技术在产品追溯上的应用、移动互联网技术在全渠道营销上的应用等。渠道权力和运营能力的此消彼长反映在模型中,则是使位于图3-7阴影部分的零售商向左上方移动,一旦其越过临界线,理性的零售商就会自发选择进销价差模式。另外,信息技术的发展也降低了消费者的交易成本,集中体现在互联网对消费者搜寻成本、比价成本、质量确认成本等信息成本的降低,而更完备的信息也使理性消费者的决策更精准,并对商品效用形成更稳定的预期,从而降低了需求不确定性。总之,信息技术和电子商务的发展降低了消费者面临的交易成本和不确定性,提高了实体零售商的运营能力,削弱了实体零售商的市场势力,从而引发了零售业盈利模式的转型。

从历史的角度看,图3-7则揭示了零售业盈利模式选择的规律性。根据图3-7,从企业层面来看,零售商选择何种盈利模式在根本上取决于其相对于供应商的渠道权力,且如果零售商的渠道权力"很高",就会恒定地选择通道费模式,反之,就会恒定地选择购销差价模式。这正与国内零售业盈利模式的演变历程相吻合:在改革开放的中前期,由于物质资料在总体上仍不够丰富,进入市场的产品少于买方有支付能力的需求,卖方在与买方的竞争中占据优势,加之计划经济体制下形成的"重生产、轻流通"的思想尚未完全消除,作为商品转售渠道的零售组织面对上游生产商缺少话语权,因此,依靠购销差价盈利的买断模式成为零售业的必然选择[①]。随着市场经济的发展和买方市场的形成,适应买方市场的超市业得到了迅猛发展,"渠道为王"的市场环境就此到来。这种市场环境使零售商与其供应商的地位和话语权发生了反转,零售商基于其巨大的市场势力向供应商收取通道费由此成为业界普遍采取的经营策略。这一市场态势在持续十余年后,被互联网技术在流通领域带来的巨大变革所打破,即多样化的销售渠道使得零售商很难维系其原有的渠道权力,但零售业的运营能力却凭借信息技术得到了明显提升。敏锐的企业经营者由此发现,至少在某些品类上,不收通道费反而更有利可图,国内零售业回归传统零售的转型由此开始。这就是中国零售业盈利模式变化的历史轨迹,它与本书模型的预测相一致。

总之,无论是传统的盈利模式,还是被普遍诟病的通道费模式,都是零售企业在一定的外部环境下,基于其市场势力、运营能力做出的理性选择。随着外部环境的变化,理性的企业也会对盈利模式作出调整,这在当前就体现为零售商摒弃通道费模式的转型。

3.4 政策建议

至此,我们已经完成保底线性通道费的经济学分析。根据福利效应的

---

① 直观上,早期零售组织没有选择收取"保底返利",或是因为这种收费模式没有被开发出来。实际上,根据李飞(2010)和盛潮迅(2011)的研究,"保底返利"早在百货业最初实行"出租柜台制"时就已被普遍使用了,之所以同期没有被移植到其他自营制零售商中,根本上还是因为这种盈利模式是"不划算"的。

计算,我们发现这类通道费以挤占供应商利润、抬高商品价格为代价,提高了零售商自身利润,是一种纯粹损人利己的合约设计。针对这类通道费,商务部曾在《零售商供应商公平交易管理办法》中明确规定:零售商不得"强迫供应商无条件返利,或约定以一定销售额为返利前提,未完成约定销售额却向供应商收取返利"。由此可见,保底线性通道费显然是违规的。但如前所述,《办法》没有起到预期的规制作用。这既是因为《办法》的法律效力不足,也是因为这类通道费早已被固化在零售商特定的盈利模式之中。对于这种情况,政府部门要加大规制力度,避免让出台的法律法规成为一纸空文。

另外,理论模型揭示了,保底线性通道费是拥有一定市场势力却不具备相应运营能力的零售商的理性选择,且随着市场势力和运营能力的此消彼长,零售商会逐步摒弃这类通道费。当下零售业的转型实践也印证了这一点。因此,对于有关部门来说,不仅要规制零售企业的收费行为,也要鼓励零售业盈利模式的转型。而无论是规制收费,还是鼓励转型,都是重要的实践问题,我们将在后面的章节中专门论述。

3.5 本章小结

本章通过经济学模型考察了保底线性通道费的形成机理和福利效应。为完成这一工作,我们首先通过对保底线性通道费收费机制的逻辑推演,得出了这类通道费的各种影响因素,从而明确了经济学建模的基本要点。而在模型构建中,我们在贴近现实的市场设定下,从一个经典的效用函数出发,经过严密的均衡分析,建立了一个完备的通道费经济学模型。该模型的基本结论有两点:第一,保底线性通道费降低了供应商利润,并且提高了价格,降低了消费者福利和社会总福利;第二,随着零售商市场势力的丧失和运营能力的提高,零售商会主动摒弃这类通道费。该结论一方面解释了业内激烈的零供矛盾以及超市内某些产品虚高的价格,另一方面解释了当下零售业的转型实践。在政府规制上,本章模型的启示是,政府不仅要对保底返利加大规制力度,也要鼓励和引导零售业盈利模式的转型。

第 4 章　事前一次性通道费研究

本章考察以合同费为代表的一次性通道费。正如第二章所论述的,这类通道费和国外市场情境下的"通道费"是同一概念。因此,我们按照国外通道费研究的主流范式,在纵向约束理论中的两部收费(two part tariff)框架下考察一次性通道费的形成机理和福利效应。在模型设定中,我们考虑了分销服务对均衡结果的影响,进而发现在最简单的市场结构下,也存在产生通道费的可能。相较已有的在复杂市场结构下发掘的通道费模型,如董烨然(2012)在"$1*1*n$"结构下建立的模型,本书的理论模型理应具有更强的适用性。

在下文中,我们将首先在纳什谈判框架下构建典型的两部收费模型。在此基础上,引入上下游提供的分销服务,将典型的两部收费模型扩展为通道费模型,进而考察通道费的产生机制和福利效应。

4.1　纳什谈判下的两部收费模型

两部收费是最典型的纵向约束行为。它指的是在交易过程中,买卖双方在通过线性价格进行交易之外,还进行一笔与交易量无关的转移支付。在传统的两部收费合约中,这笔转移支付由卖方向买方收取,并被称为"特许费"或"代理费"(franchise fees)。而在某些特定的市场情境下,也会出现买方向卖方收取固定费的情况,即形成"通道费"。

记两部收费下的合约为(w, F),其中,w为批发价格,F为固定费。定义$F \leqslant 0$时,供应商向零售商支付"代理费";$F > 0$,零售商向供应商收取"通道费"。假定有一个供应商,通过一个零售商出售产品,且零供博弈顺序为:在第一阶段,零供双方谈判制定(w,F);在第二阶段,零售商根据(w,F)制定零售价p。此外,假定供应商的边际成本为c,零售商除了进价外没有其他成本。最后假定利润函数是"严格凹"的(strictly concave),该假定保证了最大化问题满足二阶条件。

设定需求函数为$q=q(p)$,且$\frac{dq}{dp}<0$。则在博弈的第二阶段,面对既定的(w,F),零售商的最大化问题为:

$$\max_{p} \pi_{tr}=(p-w)q(p)+F$$

其中,下标t表示"两部收费"。该最大化问题的一阶条件为:

$$q+(p-w)\frac{dq}{dp}=0 \tag{4-1}$$

二阶条件为$f''<0$,其中$f''=2\frac{dq}{dp}+(p-w)\frac{d^2q}{dp^2}$。进而对(4-1)式做关于$w$的比较静态分析可得:

$$\frac{dp}{dw}=\frac{dq}{dp}\frac{1}{f''}>0 \tag{4-2}$$

即进价越高,零售价越高。

在第一阶段,零售商和供应商对(w,F)进行纳什谈判,因此,这一阶段的最大化问题为:

$$\max_{w,F} \pi_{tr}^{\theta}\pi_{ts}^{1-\theta}$$

其中,$\pi_{ts}=(w-c)q-F$为供应商利润,θ为零售商议价能力(bargaining power),$\theta \in [0,1]$。该最大化问题的一阶条件为:

$$\theta\frac{\pi_{ts}}{\pi_{tr}}\left[\left(\frac{dp}{dw}-1\right)q+(p-w)\frac{dq}{dp}\frac{dp}{dw}\right]+(1-\theta)\left[q+(w-c)\frac{dq}{dp}\frac{dp}{dw}\right]=0 \tag{4-3}$$

$$\theta\frac{\pi_{ts}}{\pi_{tr}}-(1-\theta)=0 \tag{4-4}$$

显然(4-4)式即 $\dfrac{\pi_{ts}}{\pi_{tr}} = \dfrac{1-\theta}{\theta}$，它意味着议价能力决定了利润分割比例。将(4-4)式代入(4-3)式有并两边同除以 $\dfrac{dp}{dw}$，有：

$$q + (p-c)\dfrac{dq}{dp} = 0 \qquad (4-5)$$

容易发现，这恰好是渠道总利润 $(p-c)q(p)$ 最大化的一阶条件。结合(4-4)式，我们可以得出两部收费合约的本质：零供双方先确定 w 以实现渠道总利润最大化，再基于议价能力利用固定费分割渠道利润。

将(4-5)式运用包络定理(Envelope Theorem)，有：

$$(w-c)\dfrac{dq}{dp}\dfrac{dp}{dw} = 0 \qquad (4-6)$$

记均衡批发价为 w_t^*。由于 $\dfrac{dq}{dp} < 0$，必有均衡批发价 $w_t^* = c$。因此，在两部收费下，任一议价能力下的均衡交割价格都是供应商的边际成本。而根据纵向一体化的基本原理，当上下游实现纵向一体化时，生产部门和销售部门之间的内部调拨价格就是边际成本。因此，在不考虑分销服务的情形下，两部收费合约消除了线性批发价下的双重加价，实现了纵向一体化情形下的最大渠道利润。

考虑此时的固定费。由于供应商进行边际成本定价，因此，其销售产品所获收益为0。如果此时仍需向零售商支付固定费或通道费，则其利润为负，这将使得供应商退出市场。因此，此时供应商不可能向零售商支付通道费。这一结论可以从(4-4)式中得到。将 $w_t^* = c$ 代入(4-4)式可得：

$$F^* = -(1-\theta)(p^*-c)q^* \qquad (4-7)$$

其中，$(p^*-c)q^*$ 为均衡时的渠道总利润，因此有 $F^* \leqslant 0$。进而，在典型的两部收费合约中，由于供应商以成本价向下游供货，因此，无论其议价能力的大小，总可以向下游零售商收取一笔非负的代理费作为补偿，而通道费不会产生。这就是标准两部收费模型的均衡结果。

考虑此时两部收费合约的福利效应。首先，这里的两部收费合约达到了一体化渠道的结果，因此，其福利效应与纵向一体化等价。那么，与不采取纵向约束的线性价格合约相比，两部收费的福利效应如何呢？在线性合约下，博弈第二阶段较之两部收费没有区别，因为固定费的有无并不影响行为人的决策。而在博弈的第一阶段，零供双方在纳什谈判下的最大化问题为：

$$\max_{w}[(p-w)q(p)]^{\theta}[(w-c)q(p)]^{1-\theta}$$

显然，此时的批发价 w 成为双边讨价还价唯一的变量。根据零供序贯博弈的标准模型，假定当 $\theta \in [0,1)$ 时目标函数为关于 w 凹函数，当 $\theta=1$ 时目标函数 $(p-w)q(p)$ 为关于 w 的凸函数。因此，当 $\theta=1$ 均衡解为角点解。记均衡批发价为 w_l^*，下标 l 表示"线性定价"，则当 $\theta=1$ 时 $w_l^*=c$。当 $\theta \in [0,1)$ 时，对目标函数求 w 的微分，并运用包络定理，可以将该最大化问题的一阶条件写为：

$$-\theta\frac{w-c}{p-w}q+(1-\theta)\left[q+(w-c)\frac{dq}{dp}\frac{dp}{dw}\right]=0 \quad (4-8)$$

根据上式，显然此时 $w_l^*>c$，但当 $\theta \to 1$ 时，$w_l^* \to c$。该最大化问题的其二阶条件为 $g''<0$，其中，

$$g''=-\theta\left(\frac{w-c}{p-w}q\right)'_w+(1-\theta)\left\{\left[q+(w-c)\frac{dq}{dp}\frac{dp}{dw}\right]\right\}'_w$$

对(4-8)作关于 θ 的比较静态分析可得：

$$\frac{dw_l^*}{d\theta}=\frac{q(w_l^*-c)}{(1-\theta)(p-w_l^*)\,g''|_{w=w_l^*}}<0 \quad (4-9)$$

这样一来，我们就得到了此时均衡批发价的分布：w_l^* 在 $[0,1)$ 上关于 θ 单调递减，且当 $\theta \to 1$ 时，$w_l^* \to c$。由于有当 $\theta=1$ 时，$w_l^*=c$，因此，w_l^* 在 $\theta=1$ 时连续。进而，w_l^* 随着零售商议价能力的提高而降低，且当零售商拥有完全议价能力时降至边际成本。至此，线性价格下的均衡结果已求解完毕。

考虑两部收费合约较之线性价格合约的福利损益。显然，由于两部收费下的批发价更低，因此，两部收费下的零售价更低、消费者福利更高。在渠道利润上，由于两部收费使渠道利润达到了纵向一体化这一最高水平，因此，两部收费下的零供总利润也更高。进而，两部收费合约较之线性价格合约提高了社会总福利水平。

至此，纳什谈判框架下的两部收费模型已求解完成。该模型的基本结论是，在不考虑分销服务的情况下，无论零供双方的议价能力对比如何，两部收费合约下的批发价格恒等于供应商的边际成本，供应商的利润流此时为零。只要供应商的议价能力不为零，则一定能够获得一笔"代理费"作为补偿，而"通道费"必然不会出现。在福利效应上，两部收费达到了一体化结果，它较之线性价格合约，有着更高的渠道总利润、消费者福利和社会总福利。因此，两部收费合约的福利效果是积极的，这也是现实中"代理费"或"特许费"并无争议的原因。在下文中，我们将引入分销服务，进而考察两部收费的收费规则和福利效应的变化。

4.2　从两部收费模型到通道费模型

本节将通过引入分销服务对上一节的两部收费模型进行扩展。我们将要呈现的图景是，如果考虑了分销服务，且这种分销服务由零售商和供应商共同承担，则只要零售商的谈判力量足够高，通道费就会产生。在此之前，首先对分销服务的特点进行说明：分销服务本质上是一种"销售努力"，与委托—代理理论、不完全契约理论中讨论的"努力"类似，这类服务通常是难以观察和证实的，因此难以实行一份载明分销服务水平的协议。零售商、供应商提供多少分销服务，取决于合约带来的"激励"，而激励的结果也决定了合约的福利效果。在下文中，我们将具体考察引入分销服务后两部收费的实现形式、激励作用和福利效果。出于技术性考虑，我们将引入具体的需求函数和成本函数。

4.2.1 基本模型

假定商品需求函数为：

$$Q = 1 - p + ve + \varepsilon \qquad (4-10)$$

其中，p 为价格，e 为分销服务，v 为需求对分销服务的敏感程度，ε 为期望值为 0 的随机项。之所以在需求函数中加上随机项，是因为如果需求函数是既定价格和分销服务下的确定值，则给定价格、销量和其中一方的分销服务，就可以推断出另一方的分销服务水平，进而分销服务就成为可以证实的变量了，这与现有有关"努力程度"的经济学研究相悖。在商品分销过程上，假定有一个供应商，通过一个零售商出售商品。供应商和零售商共同提供分销服务，并由零售商制定商品价格。记零售商提供的分销服务为 e_1，供应商提供的分销服务为 e_2，$e = e_1 + e_2$；相应的分销成本为 c_i，$(i=1,2)$，遵循 Rao 和 Srinavasan(1995)考察线性扣点时的设定①，假定 $c_i = e_i^2/2$。

在博弈顺序上，假定零供双方进行如下两阶段博弈：在第一阶段，零供双方通过纳什谈判确定两部收费合约 (w, F)；在第二阶段，零售商制定零售价 p 和分销服务 e_1，供应商制定分销服务 e_2。供应商和零售商为风险中性，以期望利润为决策依据。另外，为保证在任一议价能力的分配下有稳定的均衡解，不出现均衡价格为 $+\infty$ 等"反常"情况，假定 $v \in (0,1)$，即分销服务的作用并不"十分大"。最后仍规定 $F > 0$ 时为通道费，$F \leqslant 0$ 时为代理费。以下根据逆向求解法求解模型。

在博弈的第二阶段，零售商的最大化问题为：

$$\max_{p, e_1} \pi_{tr} = (p - w)q - c_1 + F$$

其中，$q = 1 - p + ve$ 为期望需求。供应商在该阶段的最大化问题为：

$$\max_{e_2} \pi_{ts} = wq - c_2 - F$$

---

① Rao R C, Srinavasan S. Why Are Royalty Rates Higher in Service-Type Franchises? [J]. *Journal of Economics & Management Strategy*, 1995, 4(1): 7-31.

其中，t 仍表示两部收费。这里，产品生产的边际成本已标准化为 0。基于零供双方的同时决策，可以解出该阶段的纳什均衡为：

$$p = \frac{1+w}{2-v^2} \qquad (4-11)$$

$$e_1 = \frac{v-(1-v^2)vw}{2-v^2} \qquad (4-12)$$

$$e_2 = vw \qquad (4-13)$$

$$e = e_1 + e_2 = \frac{v(1+w)}{2-v^2} \qquad (4-14)$$

$$q = \frac{1-(1-v^2)w}{2-v^2} \qquad (4-15)$$

$$\pi_{tr} = \frac{[(1-v^2)w-1]^2}{2(2-v^2)} + F \qquad (4-16)$$

$$\pi_{ts} = \frac{-(2-v^4)w^2+2w}{2(2-v^2)} - F \qquad (4-17)$$

对于零售商利润(4-16)式，有 $\frac{\partial \pi_{tr}}{\partial w} = (v^2-1)q$。进而若 $v^2 > 1$，则 $\frac{\partial \pi_{tr}}{\partial w} > 0$，即批发价越高，零售商的利润反而越高，此时，若零售商拥有完全的议价能力且双方按线性价格 w 交易，则零售商会将 w 定在"无穷大"；若 $v^2 = 1$，则 $\frac{\partial \pi_{tr}}{\partial w} = 0$，此时，零售商利润和其商品进价毫无关系。这些显然都违背现实。故假定 $v^2 < 1$，即 $v \in (0,1)$。

在第一阶段，零供双方的最大化问题为：

$$\max_{w,F} \pi_{tr}^{\theta} \pi_{ts}^{1-\theta}$$

与不考虑分销服务时的两部收费一样，这一纳什谈判过程意味着双方先确定 w 以实现渠道总利润最大化，再基于议价能力利用固定费分割渠道利润。容易求出该最大化问题的解，仍记为 (w_t^*, F^*)，有：

$$w_t^* = \frac{v^2}{1+2v^2-2v^4} \qquad (4-18)$$

$$F^* = \frac{(1+2v^2-v^4)}{2(2-v^2)(1+2v^2-2v^4)}\theta - \frac{(1+v^2-v^4)^2}{2(2-v^2)(1+2v^2-2v^4)^2} \qquad (4-19)$$

对于这里的 w_t^*，由于 $v^2<1$，显然有 $w_t^*>0$，而 0 即为供应商的边际成本。可见，在考虑分销服务的情形下，由于批发价同时影响终端零售价和分销服务水平，为激励零供双方作出分散决策下的最优分销服务，批发价格必须高于边际成本，否则分销服务水平将"过低"，见（4-14）式。且容易求出：

$$\frac{\partial w_t^*}{\partial v} = \frac{2v(1+2v^4)}{(1+2v^2-2v^4)^2} > 0$$

即需求对分销服务越敏感，最优批发价对边际成本的偏离越高。而如果需求不受分销服务的影响，即 $v=0$，相应有 $w_t^*=0$，即批发价格等于边际成本。这也是前面提到的两部收费合约消除了双重加价，它在需求受到零供双方提供的分销服务影响的市场环境下（下简称"分销服务影响需求的情形下"）不再成立。因此有如下命题：

命题 4-1：在分销服务影响需求的情形下，两部收费中的均衡批发价高于边际成本，且需求对分销服务越敏感，偏离程度越高。

对于固定费 F^*，它作为渠道利润分割的工具，总等于零售商在其议价能力下应分得的渠道利润，减去撇开固定费时零售商的实际利润，相应的（4-19）式是这一逻辑的具体实现。在不考虑分销服务影响需求的情形下，由于 $w_t^*=0$，撇开固定费时供应商只有零利润，而零售商获得了全部渠道利润，因此，零售商必须向供应商支付代理费以完成利润分割，即 $F^*\leqslant 0$，正如前面所看到的一样。而在本节模型框架下，由于 $w_t^*>0$，供应商可以获得正的利润流，此时，如果零售商的议价能力足够高，比如拥有完全的议价能力，并向供应商提出"要么接受要么离开"的合约，供应商就需向零售商支付通道费以完成利润转移。

4.2.2　固定费的实现:代理费还是通道费?

本节具体考察在分销服务影响需求的情形下,两部收费中的固定费何时实现为代理费,何时实现为通道费。根据(4-19)式,F^*是关于θ的斜率为正,截距为负的一次函数[①],进而有:

$$\begin{cases} F^* > 0 & if \quad \theta > \theta^* \\ F^* \leqslant 0 & if \quad \theta \leqslant \theta^* \end{cases}$$

其中

$$\theta^* = \frac{(1+v^2-v^4)^2}{(1+2v^2-v^4)(1+2v^2-2v^4)}$$

在$v \in (0,1)$的设定下,显然有$\theta^* \in (0,1)$。这里将θ^*称为"临界议价能力",进而有以下命题:

命题4-2:在分销服务影响需求的情形下,只要零售商的议价能力"足够高"(即高于临界议价能力θ^*),就可以获得通道费,反之则需向供应商支付代理费。

进一步考察需求对分销服务敏感程度对通道费(代理费)的影响,即考察v对临界议价能力θ^*的影响。容易求出:

$$\frac{\partial \theta^*}{\partial v} = -\frac{4v(1-v^2)(1+v^2-v^4)(1+2v^2-v^4+v^6)}{(1+4v^2+v^4-6v^6+2v^8)^2} < 0$$

即θ^*关于v单调递减,且当$v \to 0$时,$\theta^* \to 1$;当$v \to 1$时,$\theta^* \to 0.5$。进而,根据θ^*的性质,固定费F^*的正负可由图4-1概括[②]:

---

① 这是因为F^*的斜率为渠道总利润,截距的绝对值为撇开固定费时的零售商利润。当然,基于$v \in (0,1)$也容易看出截距和斜率的正负。

② 图中θ^*的凹凸性直接参照了数值模拟的结果。

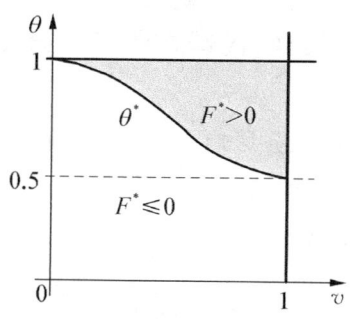

图 4-1　通道费的产生条件

图 4-1 的横坐标为需求对分销服务敏感程度 v，其定义域为 $(0,1)$，纵坐标为零售商议价能力 θ，其定义域为 $[0,1]$，任一零供关系都落在由 θ 和 v 的定义域所围成的矩形区域中。而临界议价能力 θ^* 将这一区域一分为二，处于图中右上方阴影部分（$\theta > \theta^*$）的零供关系会产生通道费，其余空白处的零供关系中零售商需向供应商支付代理费。具体地，从纵向看，在任一水平的 v 下，只要零售商议价能力足够高，就获得通道费，这与命题 4-2 相对应；而从横向看，如果 $\theta \leqslant 0.5$，即零售商在零供谈判中处于劣势，则其无论如何都无法收取通道费，如果 $\theta > 0.5$，进而当需求对分销服务的敏感程度 v 足够高时，零售商就能够获得通道费。因此有以下命题：

命题 4-3：通道费必然产生于零售商在零供谈判中占优（$\theta > 0.5$）的市场环境中。同时，需求对分销服务越敏感，越倾向于产生通道费。

这一命题能够较好地解释国内外通道费的现实情况。国内超市业的进场费、合同费主要集中在诸如休闲食品等即时消费品上，而较少出现在诸如日化用品等生活必需品上。这主要是因为日化用品的行业格局决定了其供应商对零售商拥有较大的议价能力，并且这类产品生活必需品周期性消费的性质决定了其对分销服务并不敏感。而休闲食品等品类在这两点上与日化用品恰好相反，因此，日化用品主要位于图 4-1 中的左下区域，而休闲食品等大多位于右上区域，由此产生了在通道费上差异。在国外，通道费也是因品类而异，并大量出现在干货等不易腐食品上，而较少出现在生鲜等易腐烂食品上(FTC,2001)。这或是因为干货等不易腐食品的需求受广告等各类促销行为的影响较大,而生鲜作为生活必需品,受分销服务的影响很小。另外,国内外通道费从无到有的过程也可以通过这一命题来解释:一方面,买方市场的到来以及零售业的集中使零售商较之供应商拥有了较大的议价能力;另一方面,市场经济的发展使非生活必需品的商品种类极大丰富,而这些商品对分销服务比较敏感,且这类新兴供应商也不具备一定的议价能力。通道费由此产生和普及。

4.2.3 价格和分销服务

这里以一体化渠道和线性合约为参照系,进一步考察两部收费的均衡结果。首先,根据(4-11)~(4-18)式,容易算出两部收费下的均衡结果为:

$$p_t^* = \frac{1+3v^2-2v^4}{(2-v^2)(1+2v^2-2v^4)} \quad (4-20)$$

$$e_t^* = \frac{v(1+3v^2-2v^4)}{(2-v^2)(1+2v^2-2v^4)} \quad (4-21)$$

$$q_t^* = \frac{1+v^2-v^4}{(2-v^2)(1+2v^2-2v^4)} \quad (4-22)$$

$$\Pi_t^* = \frac{1+2v^2-v^4}{2(2-v^2)(1+2v^2-2v^4)} \quad (4-23)$$

其中,Π 表示渠道总利润。

在一体化渠道下,商品零售价格和分销服务的水平基于渠道总利润最大化决定。相应的利润最大化问题为:

$$\max_{p,e} \Pi = pq - c_1 - c_2$$

记此时的均衡结果为 p^*、e^*、q^*、Π^*,容易求出:

$$p^* = \frac{1}{2(1-v^2)} \quad (4-24)$$

$$e^* = \frac{v}{1-v^2} \qquad (4-25)$$

$$q^* = \frac{1}{2(1-v^2)} \qquad (4-26)$$

$$\Pi^* = \frac{1}{4(1-v^2)} \qquad (4-27)$$

在线性合约下,零供双方的博弈过程为:在第一阶段,零供双方通过纳什谈判确定批发价 w;在第二阶段,零售商制定零售价 p 和分销服务 e_1,供应商制定分销服务 e_2。进而在第二阶段,零售商的最大化问题为:

$$\max_{p,e_1} \pi_{lr} = (p-w)q - c_1$$

供应商在该阶段的最大化问题为:

$$\max_{e_2} \pi_{ls} = wq - c_2$$

零供利润中的下标 l 仍表示线性价格。同样由于固定费不会影响渠道成员的决策,这一阶段的均衡价格、分销服务和交易量仍由(4-11)至(4-15)式表示。此时零售商和供应商的利润分别为:

$$\pi_{lr} = \frac{[(1-v^2)w-1]^2}{2(2-v^2)} \qquad (4-28)$$

$$\pi_{ls} = \frac{-(2-v^4)w^2 + 2w}{2(2-v^2)} \qquad (4-29)$$

在第一阶段,零供双方的最大化问题为:

$$\max_{w} \pi_{lr}^{\theta} \pi_{ls}^{1-\theta}$$

仍记此时的均衡解为 w_l^*,$\{w_l^*\} = argmax(\pi_{lr}^{\theta}\pi_{ls}^{1-\theta})$,它是议价能力 θ 的函数。当 $\theta = 1$ 即零售商拥有完全的议价能力时,目标函数退化为零售商利润 π_{lr},而由于 π_{lr} 关于 w 单调递减,因此,零售商会制定 $w_l^* = 0$。当 $\theta \in [0,1)$ 时,假定目标函数严格凹,可以证明 w_l^* 关于 θ 单调递减。同时,容易证明 w_l^* 在 $\theta = 1$ 处连续。进而有引理 4-1:

引理 4-1:在线性合约下,零售商的议价能力越强,批发价越低。

证明: 先证明 w_l^* 在 $\theta \in [0,1)$ 上单调递减,再证明 w_l^* 在 $\theta = 1$ 处连续。

当 $\theta \in [0,1)$ 时,容易求出第一阶段最大化问题的一阶条件为:

$$\theta \frac{\pi_{ls}}{\pi_{lr}} \frac{d\pi_{lr}}{dw} + (1-\theta) \frac{d\pi_{ls}}{dw} = 0 \tag{4-30}$$

而 w_l^* 为上式的解。对上式两边关于 θ 求导可得:

$$\frac{dw_l^*}{d\theta} = -\frac{\pi_{ls}(w_l^*) \dfrac{d\pi_{lr}(w)}{dw}\big|_{w=w_l^*}}{(1-\theta)\pi_{lr}(w_l^*) f''\big|_{w=w_l^*}}$$

其中,$\pi_{lr}(w_l^*)$、$\pi_{ls}(w_l^*)$ 为均衡时的零供利润,$\pi_{lr}(w_l^*) > 0, \pi_{ls}(w_l^*) > 0$[①];$f''$ 为目标函数的二阶条件,根据目标函数的凹性,$f'' < 0$;结合 π_{lr} 关于 w 单调递减,即 $\dfrac{d\pi_{lr}(w)}{dw} < 0$,进而有 $\dfrac{dw_l^*}{d\theta} < 0$。因此,当 $\theta \in [0,1)$ 时,w_l^* 关于 θ 单调递减。

当 $\theta \to 1$ 时,根据(4-30)式有 $\pi_{ls} \to 0$,再根据 π_{ls} 对应的(4-29)式,有 $w_l^* \to 0$[②];而当 $\theta = 1$ 时 $w_l^* = 0$,因此,w_l^* 在 $\theta = 1$ 处左连续。综上,w_l^* 在 $\theta \in [0,1]$ 上单调递减。证毕。

至此,三种渠道安排的均衡结果已经明确。以下基于两部收费、线性合约和一体化渠道进行两两比较,得出不同渠道安排下价格和服务水平的高低。

1. 两部收费和线性合约比较

两部收费和线性合约的差异在于前者基于渠道总利润最大化制定批发

---

① $\pi_{lr}(w_l^*) \neq 0$ 是因为:根据(4-28)式,当且仅当 $w_l^* = \dfrac{1}{1-v^2}$ 时 $\pi_{lr}(w_l^*) = 0$,而根据(4-15)式,此时的销量为0,因此 $\pi_{lr}(w_l^*) = 0$ 不成立;$\pi_{ls}(w_l^*) \neq 0$ 是因为:根据(4-30)式,若 $\pi_{ls}(w_l^*) = 0$ 则 $\theta = 1$,这与 $\theta \in [0,1)$ 的前提相矛盾,因此 $\pi_{ls}(w_l^*) = 0$ 不成立。

② 根据(4-29)式及抛物线的对称性,当 $w_l^* \to \dfrac{2}{2-v^4}$ 也满足 $\pi_{ls} \to 0$,但较之 $w_l^* \to 0$,$w_l^* \to \dfrac{2}{2-v^4}$ 并没有提高生产商利润,但降低了零售商利润,因此在纳什谈判中不会发生。

价格,后者通过交易双方讨价还价形成批发价格,不同的批发价又导致终端价格和分销服务的差异。我们可以证明两部收费下的批发价 w_t^* 和线性合约下的批发价 w_l^* 满足如下大小关系:

$$\begin{cases} w_t^* > w_l^* & if \quad F^* > 0 \\ w_t^* \leqslant w_l^* & if \quad F^* \leqslant 0 \end{cases}$$

进而有如下命题:

命题4-4:如果两部收费实现为通道费合约,则其批发价格较之线性合约更高;如果两部收费合约实现为代理费合约,则其批发价格较之线性合约更低。

证明:当 $\theta=1$ 时,$F^*>0$ 且 $w_t^*>0$,$w_l^*=0$,命题显然成立。当 $\theta \in [0,1)$ 时,记线性合约下的一阶条件(4-30)式等号左边为 $\varphi(w)$,则 $\varphi(w_l^*)=0$。根据目标函数的凹性,如果 $\varphi(w_t^*)<0$,则 $w_t^*>w_l^*$;如果 $\varphi(w_t^*) \geqslant 0$,则 $w^* \leqslant w_l^*$。而对于 $\varphi(w_t^*)$,有:

$$\varphi(w_t^*) = \theta \frac{\pi_{ls}(w_t^*)}{\pi_{lr}(w_t^*)} \frac{d\pi_{lr}}{dw}\Big|_{w=w_t^*} + (1-\theta) \frac{d\pi_{ls}}{dw}\Big|_{w=w_t^*}$$

由于 w_t^* 由渠道总利润最大化得到,因此有 $\left(\frac{d\pi_{lr}}{dw} + \frac{d\pi_{ls}}{dw}\right)\Big|_{w=w_t^*} = 0$。同时,在 w_t^* 对应的两部收费下,有 $\frac{\pi_{ls}(w_t^*)}{\pi_{lr}(w_t^*)} = \frac{1-\theta}{\theta}$。将这两式代入 $\varphi(w_t^*)$ 并化简,有

$$\varphi(w_t^*) = \frac{F^*}{\pi_{lr}(w_t^*)} \frac{d\pi_{lr}(w)}{dw}\Big|_{w=w_t^*}$$

由于 $\frac{d\pi_{lr}(w)}{dw}<0$,因此有 $\varphi(w_t^*)$ 和 F^* 异号,即当 $F^*>0$ 时,$\varphi(w_t^*)<0$;当 $F^* \leqslant 0$ 时,$\varphi(w_t^*) \geqslant 0$,这也即当 $F^*>0$ 时,$w_t^*>w_l^*$;当 $F^* \leqslant 0$ 时,$w_t^* \leqslant w_l^*$。证毕。

结合引理4-1,w_t^* 与 w_l^* 的大小关系可由图4-2表示:

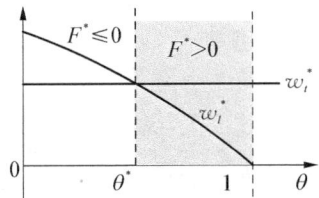

图 4-2　两部收费和线性合约下的批发价

图 4-2 中横轴为零售商议价能力 θ，w_l^* 随 θ 单调递减直至为 0，并于 w_t^* 交于 θ^*。

明确了批发价格的大小关系，即可进一步比较不同渠道安排下的均衡结果。基于(4-11)至(4-14)式，容易发现批发价越高，零售价就越高；同时，批发价越高，供应商的服务水平越高，零售商的服务水平越低，但总分销服务水平随批发价的提高而提高。进而，结合命题 4-4，有

$$\begin{cases} p_t^* > p_l^* ; e_t^* > e_l^* & if \quad F^* > 0 \\ p_t^* \leqslant p_l^* ; e_t^* \leqslant e_l^* & if \quad F^* \leqslant 0 \end{cases}$$

上式表明，通道费下的分销服务和零售价都高于线性合约，代理费下的分销服务和零售价都低于线性合约。另外，零供双方在分销服务上的决策也有助于解释为什么厂家驻场促销在大型超市普遍存在，超市自身则较少提供服务，这是因为通道费下较高的批发价对厂家促销是一种激励，而对零售商促销是一种抑制。

2. 两部收费和一体化渠道比较

在不考虑分销服务或仅由零售商提供分销服务的情形下，实施两部收费等同于实行纵向一体化，但这一结论在考虑零供双方同时提供分销服务时不再成立。具体地，通过将(4-20)、(4-21)式与(4-24)、(4-25)式相比较，可以得出①，

---

① 0.541 的精确值为 $\sqrt{\dfrac{1}{2}(2-\sqrt{2})}$。后面在涉及具体数值时全部照此保留三位小数。

$$\begin{cases} p_t^* \geqslant p^* & if \quad v \leqslant 0.541 \\ p_t^* < p^* & if \quad v > 0.541 \end{cases}$$

以及 $e_t^* < e^*$。可见,较之分散决策,纵向一体化并不总带来更低的价格水平:当需求对分销服务较为敏感时($v > 0.541$),一体化带来了更高的零售价格。而在分销服务上,一体化总带来更高的服务水平。

考虑以上结论的解释。首先,零供双方提供分销服务存在相互的正外部性,即一方提供的分销服务越多,另一方的利润水平就越高。在分散决策下,这会导致零供双方相互"搭便车",从而使服务水平过低,而一体化解决了这一外部性问题,因此一体化下的分销服务水平总更高。这种零供相互搭便车问题和 Winter(1993)[①]等文献讨论的零售商之间的水平搭便车问题没有本质区别。并且,容易发现

$$\frac{d(e^* - e_t^*)}{dv} = \frac{2 + v^2(1-v^2)(5 + 23v^2 - 11v^4 - 12v^6 + 6v^8)}{(2 + v^2 - 9v^4 + 8v^6 - 2v^8)^2} > 0$$

即需求对分销服务越敏感,一体化较之两部收费对分销服务的提升就越大。

对于零售价格,给定分销服务水平,一体化企业按照 $p = \frac{1}{2}(1 + ve)$ 决策,分散决策下按 $p = \frac{1}{2}(1 + ve + w)$ 决策。当 $v \to 0$ 时,$e \to 0$,由于分散决策存在双重加价,最终售价一定高于一体化水平。随着 v 的提高,一体化下的分销服务较之两部收费会迅速提高,使得企业的定价环境较之两部收费愈加宽松,最终当 $v > 0.541$ 时,一体化下的终端零售价超过了两部收费。

3. 线性合约和一体化渠道比较

为便于比较,这里给出线性合约下显性的均衡批发价:

$$w_l^* = \frac{3 - v^2 - v^4 - \theta(1 + v^2 - v^4)}{2(2 - 2v^2 - v^4 + v^6)} -$$

---

① Winter R A. Vertical Control and Price Versus Nonprice Competition[J]. *The Quarterly Journal of Economics*, 1993, 108(1): 61-76.

$$\frac{\sqrt{4(2-2v^2-v^4+v^6)(\theta-1)+[3-v^2-v^4-\theta(1+v^2-v^4)]^2}}{2(2-2v^2-v^4+v^6)}$$

显然,若令 $\theta=0$,则 $w_l^*=\dfrac{1}{2-v^4}$;若令 $\theta \to 1$,则 $w_l^* \to 0$。

将均衡批发价代入(4-11)、(4-14)两式中,即可得到均衡价格和分销服务。记其为 p_l^*、e_l^*,它们都是议价能力 θ 的函数,并根据引理 4-1 和 (4-11)、(4-14)两式,有 p_l^*、e_l^* 关于 θ 单调递减。进而,对于 p_l^* 和 p^*,可以证明其大小关系如图 4-3 所示:

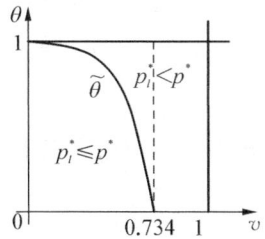

图 4-3 p_l^* 和 p^* 的大小关系

图 4-3 中 $\tilde{\theta}=\dfrac{2-4v^2+v^6}{2(1-v^2-v^4)}$,它为 p_l^* 和 p^* 相等时对应的 θ 值,其与横轴交于 $v=0.734$。当 $v>0.734$ 时,容易证明此时 p^* 比 p_l^* 的最大值还要大[1],因此有 $p_l^*<p^*$;当 $v \leqslant 0.734$ 时,根据 p_l^* 关于 θ 单调递减,有当 $\theta>\tilde{\theta}$ 时 $p_l^*<p^*$,反之 $p_l^* \geqslant p^*$。进而有以上所示的数量关系。这一关系体现了:如果需求不受分销服务影响,即 $v \to 0$,则一体化总带来更低的价格;而随着 v 的提高,一体化下的定价环境趋于宽松,进而只要零售商"压价"能力高于 $\tilde{\theta}$,则线性合约就能带来更低的价格;当 $v>0.734$ 时,由于一体化在宽松定价环境下的高水平定价,即使零售商没有议价能力,线性合约也能带来更低的价格。

对于分销服务 e_l^* 和 e^*,根据前述一体化解决了零供之间相互搭便车

---

① 当 $\theta=0$ 时 p_l^* 取最大值 $\dfrac{3-v^4}{(2-v^2)(2-v^4)}$,记其为 $p_l^*(0)$,进而可解出当 $v>0.734$ 时 $p^*>p_l^*(0)$,当 $v \leqslant 0.734$ 时 $p^* \leqslant p_l^*(0)$,等号在 $v=0.734$ 时取得。

的逻辑,仍有 $e_l^* < e^*$。从 e^* 总比 e_l^* 所能达到的最大值还要大也容易看出这一点,这里不再赘述。

4. 三种渠道安排的综合比较

这里基于上述分析,比较三种渠道安排下价格和分销服务的大小关系。首先,对于分销服务,显然有:

$$\begin{cases} e^* > e_t^* > e_l^* & if \quad F^* > 0 \\ e^* > e_l^* \geqslant e_t^* & if \quad F^* \leqslant 0 \end{cases}$$

即一体化渠道下的分销服务水平总比分散决策渠道更高,而分散渠道下两部收费还是线性合约对应的分销服务水平更高,取决于两部收费实现为通道费还是代理费。

对于终端零售价格,可基于图 4-4 概括不同渠道安排下的价格关系:

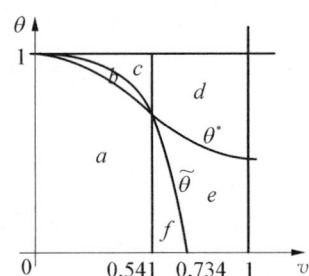

图 4-4 不同渠道安排下的价格关系

图 4-4 中横轴、纵轴仍为 v 和 θ。θ^*、$\tilde{\theta}$、$v=0.541$ 三条曲线将由 v 和 θ 围成的矩形区域分成 $abcdef$ 六个区域①。综合前面讨论,可以得出各区域的终端零售价格满足如下命题:

命题 4-5:在由 v 和 θ 围成的矩形区域分割而成的六个区域中,终端零售价格满足:

$$区域 a: p^* < p_t^* < p_l^*$$

---

① θ^*、$\tilde{\theta}$、$v=0.541$ 三条线交于一点是因为:θ^* 和 $\tilde{\theta}$ 的交点意味着 $p_l^* = p_t^* = p^*$,而 $p_t^* = p^*$ 要求 $v=0.541$ 成立。

区域 b：$p^* < p_l^* < p_t^*$

区域 c：$p_l^* < p^* < p_t^*$

区域 d：$p_l^* < p_t^* < p^*$

区域 e：$p_t^* < p_l^* < p^*$

区域 f：$p_t^* < p^* < p_l^*$

命题 4-5 指出，一体化并不是总带来最低的价格水平。具体地，如果需求对分销服务并不敏感，且零售商的议价能力并不"十分高"(区域 ab)，一体化较之两类分散决策渠道，能够带来最低的价格水平；而在其他情形下，或是因为需求对分销服务较为敏感，以至于一体化下高水平分销服务带来了宽松的定价环境，或是因为零售商过高的议价能力压低了线性合约下的批发价，从而使相应的零售价也很低，一体化渠道无法带来更低的价格水平①。进一步地，如果需求对分销服务较为敏感，但零售商议价能力不足以支撑其获得通道费(区域 ef)，两部收费就将带来最低的价格水平；如果议价能力"足够高"(区域 cd)，则线性合约带来最低的价格水平。总之，一体化由于消除了双重加价总带来最低价格水平这一结论，在分销服务影响需求时不再成立，而何种渠道安排终端价格最低，需视情况而定。

4.2.4 福利效应

这里考察两部收费下的消费者剩余、渠道利润和社会总福利，以及不同渠道安排的效率问题。

1. 消费者剩余

在本节的需求函数下，容易发现消费者剩余为：

$$CS = \frac{q^2}{2}$$

---

① 一个误区是，将一体化渠道理解为批发价等于边际成本时的分散决策渠道。这在需求不受分销服务影响时是成立的，但在本节框架下并不成立，因为在博弈第二阶段存在非合作博弈。文中 (4-24)(4-25) 两式无法由 (4-11)(4-14) 两式中的 $w=0$ 得到也体现了这一点。

因此,交易量 q 即为消费者剩余的代理变量。

对于分散决策渠道,根据(4-15)式,有交易量 q 关于批发价 w 单调递减,因此批发价越低,消费者剩余越高。进而根据命题 4-4 有,通道费下的消费者剩余较之线性合约更低,代理费下的消费者剩余较之线性合约更高。

对于一体化渠道,容易发现其交易量一定大于分散决策渠道。因为分散渠道能达到的最高交易量在 $\theta=1$、$w_l^*=0$ 时取得,此时 $q_l^*=\dfrac{1}{2-v^2}$,它显然小于(4-26)式对应的 q^*。因此,一体化下的消费者剩余总高于分散决策渠道。进而,综合三种渠道安排下消费者剩余的大小关系,有:

$$\begin{cases} CS^* > CS_l^* > CS_t^* & if \quad F^* > 0 \\ CS^* > CS_t^* \geqslant CS_l^* & if \quad F^* \leqslant 0 \end{cases}$$

由此得到命题 4-6:

命题 4-6:较之线性合约,代理费提高了消费者剩余,通道费降低了消费者剩余,但无论是哪种合约安排,都无法达到一体化下的消费者剩余。

该命题表明,在分销服务影响需求的情形下,对于消费者而言,两部收费既达不到一体化对应的剩余水平,也未必优于直接以线性价格交易,因为通道费带来了更低的剩余水平。而一体化在未必具有价格优势的情况下,仍能带来最高水平的消费者剩余,是因为一体化消除了博弈第二阶段的正外部性,带来高水平的分销服务,最终带来最高的交易量和消费者剩余。

2. 渠道利润

这里考察三种渠道安排下渠道利润的大小关系。首先,对于两部收费和一体化渠道利润的大小,有如下结论:

引理 4-2:两部收费下的渠道利润一定低于一体化水平。

原因是:在这一分散决策渠道下,两部收费虽然在博弈的第一阶段最大化渠道总利润,但并未改变博弈第二阶段零供双方就价格和分销服务进行非合作博弈的现实,即这里没有通过两部收费实现"完全卡特尔"(global cartel)的效果,因此也就无法达到一体化下的利润水平。通过比较(4-23)、(4-27)两式也容易看出这一点,这里不再赘述。

其次考察两部收费和线性合约下渠道利润的大小关系。由于两部收费较之线性合约多了一个合约工具，即固定费，从而使博弈第一阶段的批发价能够以渠道总利润最大化为目标，而非像线性合约那样将批发价作为利润分割的工具，因此，两部收费的利润水平一定不低于线性合约。具体地，可以证明如下结论：

引理4-3：线性合约下的渠道总利润Π_l^*关于零售商议价能力θ先增后减，且当$\theta=\theta^*$时达到最大，该最大值恰好等于两部收费下的渠道利润。

证明：对Π_l^*关于θ求导有：

$$\frac{d\Pi_l^*}{d\theta}=\frac{d\Pi}{dw}\Big|_{w=w_l^*}\cdot\frac{dw_l^*}{d\theta}$$

其中，$\frac{dw_l^*}{d\theta}<0$。进而可得：

$$\frac{d\Pi_l^*}{d\theta}\begin{cases}=0 & if\ \frac{d\Pi}{dw}\Big|_{w=w_l^*}=0\\ >0 & if\ \frac{d\Pi}{dw}\Big|_{w=w_l^*}<0\\ <0 & if\ \frac{d\Pi}{dw}\Big|_{w=w_l^*}>0\end{cases}$$

根据命题4-4，当$\theta=\theta^*$时，$w_l^*=w_t^*$，同时w_t^*满足渠道总利润最大的一阶条件，因此有当$\theta=\theta^*$时，$\frac{d\Pi}{dw}\Big|_{w=w_l^*}=0$，即当$\theta=\theta^*$时，$\frac{d\Pi_l^*}{d\theta}=0$；当$\theta<\theta^*$时，$w_l^*>w_t^*$，根据目标函数的凹性，有$\frac{d\Pi}{dw}\Big|_{w=w_l^*}<0$，即当$\theta<\theta^*$时，$\frac{d\Pi_l^*}{d\theta}>0$；同理有当$\theta>\theta^*$时，$\frac{d\Pi_l^*}{d\theta}<0$。因此，有$\Pi_l^*$关于零售商议价能力$\theta$先增后减，且当$\theta=\theta^*$时，达到两部收费对应的最大值。证毕。

综合引理4-2和引理4-3，三种渠道安排下渠道利润关系可由图4-5所示：

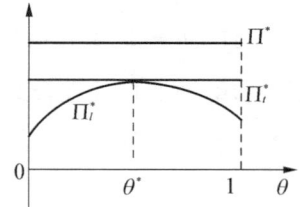

图4-5 三种渠道安排下的渠道利润

进而有如下命题：

命题4-7：在分销服务对需求影响的情形下，两部收费无法实现一体化水平的渠道利润，但作为一种纵向约束手段，其渠道利润水平不低于直接以线性价格交易。

由于在分销服务影响需求的情形下，两部收费无法达到一体化水平，进而需要思考在分散决策下实现一体化结果的途径。然而，由于这里存在三重外部性问题（定价环节上的外部性以及分销服务上相互的正外部性），即使将两部收费和其他纵向约束手段一同使用，也难以实现一体化结果。当然，这不代表渠道效率没有进一步改进的空间：Lal(1990)证明了，通过返点和两部收费同时使用，能够提升渠道利润，原因是返点改变了双方决策的边际收益，从而通过制定最优返点形成更合理的边际收益，可以缓解外部性问题并提高利润[1]；Romano(1994)证明了，将两部收费和转售价格维持（RPM）的同时使用，也可以进一步提升渠道利润，原因是RPM将定价权转移至供应商，进而供应商基于渠道总利润最大化同时制定批发价和零售价，消除了定价环节的外部性问题[2]。这一系列逻辑和结论容易在本节模型框架下得到验证，这里不再展开。

我们进一步考察零售商供应商各自在两部收费和线性价格合约下的利润对比，容易证明零售商和供应商利润关于议价能力的走势如图4-6所示：

---

[1] Lal R. Improving Channel Coordination through Franchising[J]. *Marketing Science*, 1990, 9(4): 299-318.

[2] Romano R E. Double Moral Hazard and Resale Price Maintenance[J]. *The Rand Journal of Economics*, 1994, 25(3): 455-466.

第4章 事前一次性通道费研究

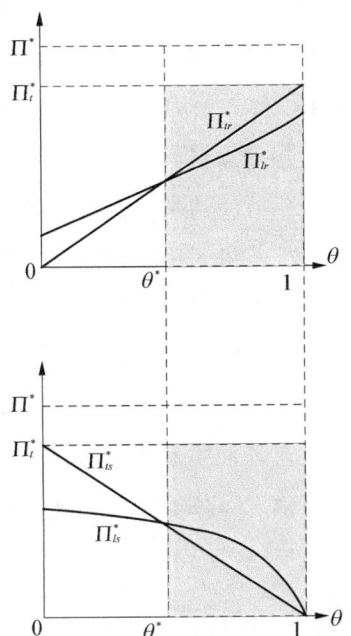

图 4-6 不同渠道安排下的零供利润

图 4-6 显示,在两部收费下,随着零售商议价能力的提升,零售商利润 π_{tr}^* 以线性形式从 0 增长到两部收费下的渠道总利润 Π_t^*,供应商利润 π_{ts}^* 以线性形式从渠道总利润递减至 0[①];在线性合约下,零售商利润 π_{lr}^* 随着议价能力的提升而提升,供应商利润 π_{ls}^* 随议价能力递减[②],其中,当 $\theta=0$ 时,供应商基于自身利润最大化制定批发价,这不妨碍零售商获得正利润[③],而当 $\theta=1$ 时,由于批发价为 0,供应商利润为 0,零售商获得全部渠道利润,且根据命题 4-7,该利润未达到两部收费下的渠道利润。并且,π_{tr}^*、π_{lr}^* 以及 π_{ts}^*、π_{ls}^* 的交点都为 θ^*。这是因为当 $\theta=\theta^*$ 时,两种合约下的批发价相等,且固定费为 0,此时两种合约等价。

---

① 根据两部收费的逻辑,有 $\pi_{tr}^*=\theta\Pi_t^*$,$\pi_{ts}^*=(1-\theta)\Pi_t^*$。
② 零售商利润随议价能力递增是因为,随着 θ 递增,批发价下降,从而使零售商利润上升;供应商利润随议价能力递减是因为,供应商在 $\theta=0$ 时自主决定批发价,因此获得最大利润,而随着 θ 递增,批发价对最优批发价的偏离越来越大,因此,利润越来越低。
③ 根据(4-28)式,容易算出此时零售商利润为 $\dfrac{(1+v^2-v^4)^2}{2(2-v^2)(2-v^4)^2}$。

在通道费的收取问题上,图4-6意味着,当零售商能够收取凭借其议价能力收取通道费时,包含通道费的两部收费合约就是其最优选择,即不存在通道费下的零售商利润比线性合约更低的情况。另外,对于供应商来说,当零售商能够收取通道费时,通道费合约带来的利润小于线性价格合约带来的利润,即通道费降低了供应商利润。进而有如下命题:

命题4-8:零售商不会"主动"放弃两部收费合约下的一次性通道费。且较之线性价格,通道费降低了供应商利润。

零售商不会主动放弃一次性通道费这一结论,与零售商在保底线性通道费上的转型形成鲜明对比。事实上,一次性通道费作为发达国家超市业普遍存在的一种费用,并没有任何主动消亡的迹象。这是由一次性通道费的作用机制决定的,它是零供之间基于各自谈判力量分割交易收益的工具。

3. 社会总剩余

最后考察不同渠道安排下的社会总剩余。定义社会总剩余为消费者剩余和企业利润的加总,即 $W = CS + \Pi$。显然,由于一体化下的消费者剩余和渠道利润比任一分散决策渠道都更高,一体化下的社会总剩余也就更高,进而一体化仍是渠道效率的最优标准。因此,问题的关键在于比较两部收费和线性合约对应的社会总剩余。

当两部收费实现为代理费合约时,较之线性合约,渠道利润和消费者剩余都更高,因此,代理费合约下的社会总剩余大于线性合约。当两部收费实现为通道费合约时,渠道利润更高,但消费者剩余更低,因此,社会总剩余的大小无法直接判断。具体地,通道费合约下的社会总剩余可由图4-7概括:

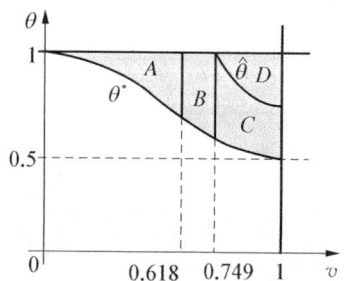

图4-7 通道费下的社会总剩余

图 4-7 中 θ^*、$\hat{\theta}$、$v=0.618$、$v=0.749$ 四条曲线的实线部分将通道费对应的右上区域分成 ABCD 四个区域。其中，$\hat{\theta}$ 为 v 的函数，它与在 $v=0.749$ 时取 1，在 $v=1$ 时取 0.75。可以证明，ABCD 四个区域的社会总剩余满足如下结论：

命题 4-9：在区域 ABC，线性价格合约下的社会总剩余更大，在区域 D，通道费合约下的社会总剩余更大。

证明：根据 $W=CS+\Pi$，有

$$W=-\frac{1+5v^2-7v^4+2v^6}{2(2-v^2)^2}w^2-\frac{1-3v^2+v^4}{(2-v^2)^2}w+\frac{3-v^2}{2(2-v^2)^2}$$

它是关于 w 开口向下的抛物线，对称轴为 $\bar{w}=-\frac{1-3v^2+v^4}{1+5v^2-7v^4+2v^6}$。根据 $v\in(0,1)$，容易发现对称轴分母项为正①，因此，若分子项中的 $1-3v^2+v^4>0$，即 $v\leqslant 0.618$，则对称轴为负，反之，对称轴为正。两种情况下 W 的图像如图 4-8 所示：

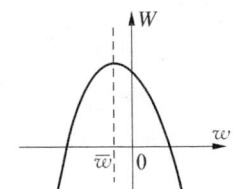
(a) $v<0.618$ 时的社会总剩余

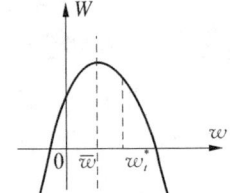
(b) $v\geqslant 0.618$ 时的社会总剩余

图 4-8 社会总剩余与批发价的关系

进而，根据二次函数的性质，如果 $v\leqslant 0.618$，如 4-8(a) 图所示，此时 W 关于批发价 w 单调递减，进而在 $\theta>\theta^*$ 下，由于 $w_t^*>w_l^*$，因此有 $W_l^*>W_t^*$。

如果 $v>0.618$，如 4-8(b) 图所示，此时 W 关于批发价 w 先增后减，因此要判断不同渠道安排下的福利大小，需明确 w_l^*、w_t^*、$\bar{w}$ 的相对位置。

---

① $1+5v^2-7v^4+2v^6=1+v^2(1-v^2)(5-2v^2)>1$。

首先，
$$w_t^* - \bar{w} = \frac{(1-v^2)(1+v^2-v^4)}{(1+2v^2-2v^4)[1+v^2(1-v^2)(5-2v^2)]} > 0$$

为确保层次清晰，下面用标题标号的方式进行分类讨论：

1.1 若 $w_t^* \leqslant 2\bar{w}$

1.1.1 若 $w_l^* > 2\bar{w} - w_t^*$，则根据抛物线的性质，有 $W_l^* > W_t^*$

1.1.2 若 $w_l^* \leqslant 2\bar{w} - w_t^*$，有 $W_t^* \geqslant W_l^*$

1.2 若 $w_t^* > 2\bar{w}$，则 $W_l^* > W_t^*$

其中，$w_t^* \leqslant 2\bar{w}$ 对应 $v \geqslant 0.749$；$w_t^* > 2\bar{w}$ 对应 $v < 0.749$；
$w_l^* > 2\bar{w} - w_t^*$ 对应 $\theta < \hat{\theta}$，$w_l^* \leqslant 2\bar{w} - w_t^*$ 对应 $\theta \geqslant \hat{\theta}$，其中，

$$\hat{\theta} = \frac{(3-2v^2)(1+2v^2)(1+v^2-v^4)^3(5-5v^2+v^4)}{(1+2v^2-2v^4)(1+5v^2-7v^4+2v^6)(3+11v^2-21v^6+13v^8-2v^{10})}$$

将分类讨论的结果对应到图 4-7 中，即可得到命题 4-9。证毕。

综合以上社会总剩余的讨论，可以得到如下命题：

命题 4-10：与一体化情形相比，两部收费下的社会总剩余更低；与线性合约相比，如果两部收费实现为代理费，则其社会总剩余更高；如果两部收费实现为通道费，则当需求对分销服务十分敏感，且零售商议价能力很高时（区域 D），两部收费下的社会总剩余更高，反之线性合约下的社会总剩余更高。

两部收费下的社会总剩余低于一体化水平，从根本上说，是因为一体化解决了两部收费无法解决的分销服务外部性问题，从而既提高了渠道利润，又带来了更高的交易量。两部收费下的社会总剩余并不总高于线性合约，则是因为当两部收费实现为通道费时，消费者剩余下降了。通道费虽降低了消费者剩余，但仍可能带来更高的社会总剩余（区域 D）。这是因为当零售商议价能力很强时，线性合约下批发价很低，如果此时需求对分销服务十分敏感，则低批发价抑制分销服务这一负面效应会被放大，最终使得其社会总剩余低于通道费下的水平。总之，以社会总剩余为标准，两部收费劣于一

体化,但两部收费是否优于线性合约,以及通道费是否劣于线性合约,都是不确定的,取决于具体的零供关系。

最后,基于以上两部收费模型,我们对有关通道费的研究结论做个总结:一次性通道费只会产生于零售商拥有议价能力优势的市场环境中,且商品需求对分销服务越敏感,越倾向于产生通道费。并且,零售商不会"主动"放弃这类通道费合约。较之不存在通道费的线性合约,通道费同时提高了价格和分销服务水平,但最终的销量和消费者剩余仍因为通道费下的高价格而降低。在总福利水平上,如果零售商议价能力和需求对服务的敏感程度都很高,通道费将带来更高的社会总福利;反之,通道费将降低社会总福利。

4.3 事前一次性通道费和保底线性通道费的比较

在这一节中,我们将简要比较本章两部收费下的一次性通道费和上一章的保底线性通道费。由于这两个通道费模型严格来说不属于同一研究范式,因此,进行细致的比较是困难的。但是,一次性通道费和保底线性通道费作为零售商最主要的后台费用,其形成机理和福利效应具有一定的相通或相似之处。我们将明确两类通道费的相通之处,从而为后面章节的实证分析提供便利。

首先明确两个通道费模型的主要区别。在保底线性通道费模型中,销售返利型通道费由两个要素构成,即保底率和扣点率。这两个要素在模型中是外生的,即我们没有去求解"最优"保底率或扣点率,而是将其作为环境变量进行比较静态分析,从而明确其福利效应。在考察销售返利的形成机理时,我们首先外生地令扣点率为0,从而明确不收通道费的利润,进而求出在既定经济环境下这种通道费带来的利润增量,最终通过考察该利润增量在何种环境下为正得出了保底线性通道费的形成机理。这个求解过程实际暗含着零售商总"能够"收取保底返利的假定,而我们考察的是在何种环境下收取保底返利更"划算"。因此,在这个模型中,如果零售商不收通道费,就是零售商对通道费模式的"主动"摒弃,即零售商进行了盈利模式的转型。

而在本章的一次性通道费模型中,通道费就是两部收费合约中的固定费,当这笔固定费由供应商支付给零售商时,就出现了一次性通道费。可见,这里的通道费是内生的,而非环境变量。在一次性通道费模型中,如果零售商不收通道费,就意味着其谈判能力无法支撑其获得通道费,并非零售商主动放弃了通道费。也就是说,对于一次性通道费,零售商"能收"等价于零售商"会收",即收取通道费一定是更"划算"的。在现实中,如果零售商从收取合同费变为不收合同费,则意味其谈判力量不足以使其获得这笔收益了。这与零售商是否收取销售返利的逻辑是不同的。

以上就是两类通道费研究在研究范式上的差异,但这种差异化的研究却得到了相通的结论。首先,在通道费的形成机理上,两类通道费研究都发现,零售商的"力量"是其收取通道费的决定因素[①]:只要零售商的市场力量足够大,保底线性通道费和一次性通道费就都会出现,反之则相反。其次,在本章的模型中,我们得到了需求对分销服务的敏感度越高,越可能出现通道费的结论,而上一章对销售返利的研究也有类似的结论:回忆上一章的需求函数为 $x=(1-c/k)-p/k+(c/k)\lambda$ (见(3—4)式),根据上一章的结论,商品的交易成本 c 越高,质量或档次 k 越低,零售商越可能收取销售返利,而如果我们把其中的运营能力 λ 理解为分销服务,则 c/k 就是需求对分销服务的敏感度,进而就有需求对分销服务越敏感,零售商越可能收取保底返利。因此,在这个意义上,两类通道费研究都得到了需求对分销服务敏感度越高,越可能产生通道费的结论。最后,两类通道费的福利效应是高度一致的,即无论是保底线性通道费还是一次性通道费,都挤占了供应商利润,提高了价格,降低了消费者福利。

综上所述,由于保底线性通道费和一次性通道费在现实中有着不同的

[①] 在保底线性通道费研究中,我们将这种"力量"称为"市场势力"(market power or channel power),这沿袭了零供关系研究中的惯用称法;在一次性通道费研究中,我们将其称为"议价能力"(bargaining power),这是纳什谈判理论中的专有名词。这两个名词在概念上相通的、一致的,这里我们将其统称为"市场力量"。

作用机制,前者是零售商规避销售风险的手段,后者是零供之间分割交易收益的工具,我们分别对其建立了不同范式的经济学模型。但是,经过严密的经济学分析可以发现,这两类通道费的收费机理是相通的,福利效应是相似的:无论哪种通道费,都根源于零售商拥有的市场力量,且倾向于产生需求对分销服务较为敏感的市场环境中,并对消费者带来消极的福利效应。

4.4 本章小结

本章在两部收费的框架下对一次性通道费的形成机理和福利效应进行了研究。该研究的前提是两部收费合约中蕴含着通道费,但这在典型的两部收费模型中并不成立。我们首先通过一个纳什谈判下的两部收费模型证明了这一点,并在此基础上考虑了分销服务对需求的影响,从而将两部收费模型扩展为通道费模型。总的来说,当考虑分销服务时,最优批发价格会高于边际成本,进而使得只要零售商的谈判力量足够高,就能够收取一笔固定费作为高批发价的补偿,通道费由此产生。在福利效应上,我们发现通道费下的批发价高于线性合约时的批发价,这导致了更高的零售价,并最终降低了消费者福利。最后,我们比较了一次性通道费和保底线性通道费的异同,发现虽然两类费用的作用机制不同,但具有相通的形成机理和福利效应。

至此,本书的理论建模工作已经完成。在后面的章节中,我们将运用计量分析和案例研究等实证方法,验证模型中关于通道费福利效应和形成机理的结论,并最终为政府规制和行业发展提供参考。

第 5 章　通道费福利效应的实证研究

本章将通过计量经济学方法论研究通道费的福利效应。通道费作为零售商的经营策略,将同时影响上游供应商和下游消费者的福利。因此,我们也将从这两方面考察通道费导致的福利损益。在正式的研究之前,首先要明确测度上下游福利损益的指标。在本章中,我们将用价格水平作为消费者福利水平的测度,用供应商利润作为供应商福利水平的测度。显然,如果通道费导致了更高的价格和更低的供应商利润,则通道费的福利效果应是消极的。在下文中,我们将规范地论证这一点。

通过计量分析考察通道费福利效应的难点是数据的不可得性。例如,我们要考察通道费对价格的影响,则在选择出代表性商品后,直观上有两种研究思路:第一,选择一些零售企业,得到其在一定时间内相应商品上的后台费数据,以及同期零售价,进而通过该面板数据考察零售价随后台费的变化;第二,选择一些收通道费和不收通道费的零售企业,得到其零售价,进行比较收通道费的企业和不收通道费的企业在定价上是否有显著差异。但是,这两种思路都是不可行的。对于第一种思路,作为研究者,不可能得到大量零售企业的后台数据;对于第二种思路,虽然部分企业已经开始盈利模式转型,但这类企业无论是在总数上还是在所占比例上都是极小的,无法支撑起规范的计量分析。可见,无论哪种研究思路都面临着数据可得性问题,这或许也是国内理论界少有通道费计量分析的原因。

针对上述问题,我们变换了研究思路,不再拘泥于零售企业的微观数据,转而考察在通道费成为零售业普遍采取的经营策略后,商品价格水平和供应商利润水平是否发生了变化。为了保证实证结果的稳健性,我们将在"准实验"的思想下进行计量研究,尤其是对通道费之于制造商利润影响的研究。显然，这种研究思路首先需要确定通道费成为一种"行规"的时间节点。在下文中，我们将先通过文献检索确定通道费在国内普及的时点，进而考察价格和供应商利润在该时点前后是否发生了显著变化，最终明确通道费的福利效应。

5.1 通道费普及的时间节点

首先需要明确的是，这里考证的是通道费"普及"的时点，而非通道费"出现"的时点。这二者是有差异显著的：自1995年家乐福进驻中国之后，通道费就在国内出现，但当时本土超市作为一种零售业态尚未充分发展，更毋谈超市通道费的普及了。而由于我们的目的是考察通道费的福利效应，因此以通道费"出现"的时点为依据进行实证分析是不合理的：一两家超市的通道费行为显然不会对总体物价水平或行业利润水平带来显著影响。因此，需要考证的是通道费"普及"的时点，或者说通道费成为"行规"的时点。下面通过文献检索明确这一时间节点。

通过在中国知网的报纸数据库和期刊数据库中对"通道费""进场费"等词条进行检索，可以直观地看出通道费在多大程度上成为人们关注的焦点，这种关注程度将直接反映通道费在业内的普及程度。图5-1给出了在2000年至2004年，以"通道费""进场费"为关键词检索出的文献数量的柱状图。

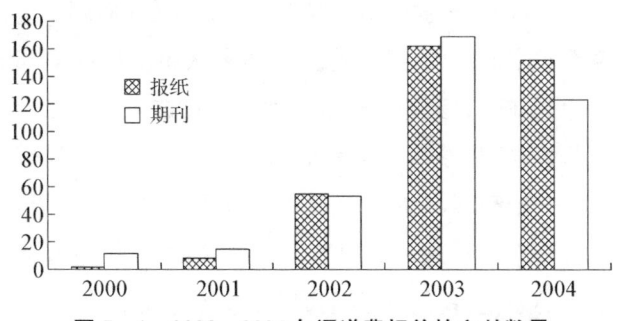

图5-1 2000—2004年通道费相关的文献数量

上图以2000年为起始点，是因为在这之前几乎无相关文献可被检索到。从图中可以看出，在2000年和2001年，通道费相关的文献资料很少；

而在 2002 年,通道费相关的文献总数从 20 余篇陡增至 100 多篇;在 2003 年 4 月发生"家乐福炒货风波"后,通道费相关的报导和分析再次激增至 300 多篇,且出现了学术研究性质的通道费论文;在 2004 年,通道费相关的文献数量仍保持在高位,且规范的学术研究已经出现。为了进一步呈现这一期间人们对通道费问题的关注角度的变化,从而判断通道费的普及时间,这里列出了 2000—2004 年间的通道费相关的代表性文章,如表 5-1 所示:

表 5-1 通道费早期文献

年份	代表性文章
2000	王战:《家乐福的营销战略》,《法国研究》2000 年第 1 期; 叶浓:《工商之间谁比谁"牛"》,《现代家电》2000 年第 2 期
2001	倪国忠:《上海连锁业发展透视》,《上海商业》2001 年第 2 期; 周勇:《超市业的采购系统与进场费》,《商业现代化》2001 年第 11 期
2002	高建成:《进场费:供应商的痛,超市的病?》,《中国商报》2002-06-11; 顾列铭:《揭开家乐福"薄利"内幕》,《中国工商》2002 年第 10 期
2003	中国商业联合会:《中国连锁超市通道费研究报告》,《中国商贸》2003 年第 2 期; 吴宏:《通道费问题比较研究》,《商业时代》2003 年第 15 期
2004	文艳、赵奉军:《"进场费"对价格的影响与规制》,《价格月刊》2004 年第 2 期; 吴小丁:《大型零售店"进场费"与"优势地位滥用"规制》,《吉林大学社会科学学报》2004 年第 5 期

从表 5-1 可以看出,在 2000 年和 2001 年,通道费的相关文章多为对通道费的简单介绍,且针对性不强,更不带有明显的感情色彩,这说明通道费在这一期间尚未普及,也尚未造成激烈的零供矛盾;而到了 2002 年,已出现诸多对通道费问题的专门论述,这些论述多从超市盈利模式的角度分析通道费,且带有明显的"火药味",这说明通道费在这一时期已经成为超市业普遍采取的经营策略,并导致了不和谐的工商关系;在 2003 年和 2004 年,大量通道费研究开始涌现,此时的通道费已成为业界和理论界讨论的热点,而通道费是否普及已不再是一个问题。因此,根据历年通道费相关的文章数量和文章主题的变化,我们判断通道费在业界普及于 2002 年。

支持通道费普及于 2002 年的另一个证据更为直接:在《中国商业年鉴》2003 年版总结的"2002 年中国连锁超市业十大热点"中,第二条即为"通道费成为工商矛盾的焦点"。因此,国内通道费普及于 2002 年这一论断是站得住脚的。

在下文中,我们据此分析通道费的普及对价格和供应商利润的影响,从而得出通道费的福利效应。

5.2 通道费对价格影响的实证研究

本节考察通道费对价格水平的影响。在研究方法上,这里将以城市食品类商品零售价格指数(Retail Price Index)为研究对象,并主要通过ARMAX 模型来考察通道费在 2002 年的普及是否改变了价格指数的数据生成机制(Data Generating Process),从而判断通道费是否提高了价格水平。选择城市商品零售价格指数的原因是,农村地区连锁超市至今仍未普及,因此将其排除出去有助于捕捉通道费的影响;而选择食品类商品作为研究对象的原因有二:一是这类商品是超市业的主要经营产品,二是食品类产品的生产过程决定了其受技术进步的影响较小,从而可以避免技术进步带来的成本下降抵消了通道费带来的提价效应的情况[①]。在数据结构上,这里选取 1990 年 1 月至 2015 年 8 月的城市食品类商品零售价格指数(下简称食品 RPI)为本研究的原始数据,其中,2003 年 1 月(含)之后的数据为月度环比数据,2003 年 1 月之前的数据为上年同比数据。显然,在进行计量分析之前,需要对原始数据进行预处理。

5.2.1 数据处理、描述性统计和建模依据

为了便于进行时间序列分析,首先需要将同比数据转化为环比数据,再将环比数据转化为定基数据。

记 t 期的环比商品零售价格指数为 RPI_t^{huan},同比商品零售价格指数为 RPI_t^{tong},则 $RPI_t^{huan} = \dfrac{RPI_{t+11}^{tong}}{RPI_{t+12}^{tong}} RPI_{t+12}^{huan}$。根据该式可以计算出 1989 年 2 月

[①] 如果我们选择日用品商品零售价格指数作为考察对象,则会出现这种情况:化工产业的技术进步将抵消通道费带来的提价效应。

至 2002 年 12 月的环比数据。进而以 1989 年 1 月为基期,记 t 期的定基指数为 RPI_t,则 $RPI_t = \prod_{i=1}^{t} RPI_i^{huan}/100^{t-1}$。这样一来,我们就获得了 1989 年 1 月到 2015 年 8 月的城市食品零售价格定基指数,共计 320 个样本(见图 5-2)。

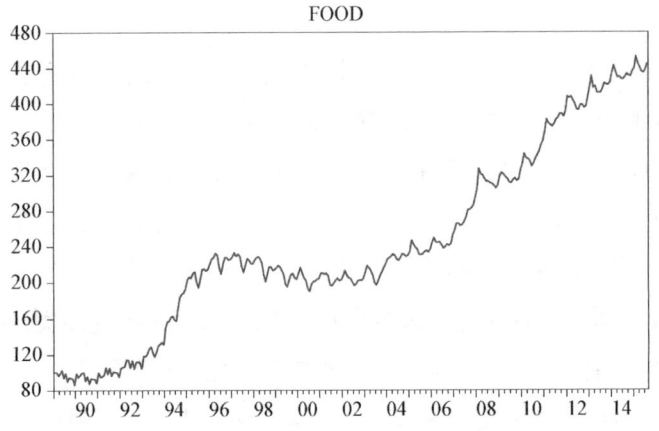

图 5-2　城市食品零售价格定基指数(1989.01＝100)

图 5-2 的数据由未经季节调整的原始数据绘制而成,因此其呈锯齿状。为了排除季节性波动的影响,我们用 X-12ARIMA 方法①对原始数据进行季节调整。经过季节调整的数据将更加平滑,如图 5-3 所示。

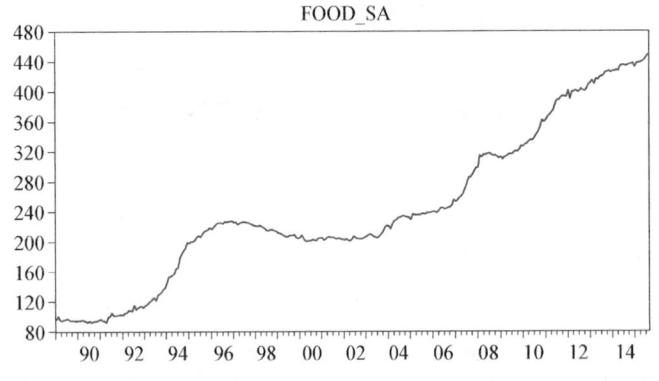

图 5-3　季节调整后的价格指数

---

①　该方法是美国商务部人口普查局(USCB)开发的一种被广泛使用的季节调整技术。它在 X11 季节调整法的基础上增加了 ARIMA 方法,以更科学地填补季节调整后时间序列两端的损耗值。

从图 5-3 可以看出,2002 年前后食品 RPI 的走势出现了明显的上扬,而这正对应着通道费在零售业的普及。但是,并不能据此得出通道费提高了价格水平的结论。首先,在逻辑上,应排除食品价格上涨在供给和需求方面的主要影响因素:一方面,2002 年后食品价格上涨可能只是同期通货膨胀的一个缩影;另一方面,食品价格上涨可能是食品制造业原材料价格上涨的结果,而与通道费无显著关系。其次,在数据上,需要分析食品 RPI 的数据生成机制是否随着通道费的出现而变化,即排除 2002 年后的价格上扬是既有数据生成机制的一个随机实现的情况。这些将在下文中逐一进行。在这里,我们首先通过简单的 CUSUMSQ 检验对食品 RPI 数据生成机制的稳定性作一个预检验。

CUSUMSQ 检验是 Brown et al.(1975)设计的一种检验结构断裂(structural change)的方法[①]。与邹至庄检验(1960)[②]不同,CUSUMSQ 检验无须事先判定断点位置。该检验的基本思想是对回归方程进行递归估计并逐期预测,如果某一期的预测值与实际值的偏离过大,则可能存在结构断裂。具体地,在不存在结构断裂的原假设下,CUSUMSQ 统计量的期望值为 $(t-k)/(n-k)$,其中,t 为时点,k 为待估参数数量,n 为样本容量,而如果实际的 CUSUMSQ 线越过了既定显著性水平下的临界线,则在该显著性水平下拒绝不存在结构断裂的原假设,且越过临界线对应的时间点即为结构断点。参照刘金全等(2006)[③]在检验通货膨胀持续性时的模型设定,我们对食品 RPI 一阶自回归模型做了 CUSUMSQ 检验。结果见图 5-4。

从图 5-4 可以看出,食品 RPI 的 AR(1)模型在 2002 年初出现了结构断裂,这也与通道费的普及相吻合。但是,即使仅从技术性方面考虑,该检验的弊端也是显而易见的,如对样本前端的检验功效较低(在本例中没有检验出 1994 年前后的剧烈通货膨胀)、只适用于 OLS 估计且假定苛刻、无法

[①] Brown R, Durbin J, Evans M. Techniques for Testing the Constancy of Regression Relationship over Times[J]. *Journal of Royal Statistical Society*,1975,40(2):149-192.
[②] Chow G. Tests of Equality between Sets of Coefficients in Two Linear Regressions[J]. *Econometrica*,1960,52:211-222.
[③] 刘金全,金春雨,郑挺国.我国通货膨胀率动态波动路径的结构性转型特征与统计检验[J].中国管理科学,2006,(2):1-6.

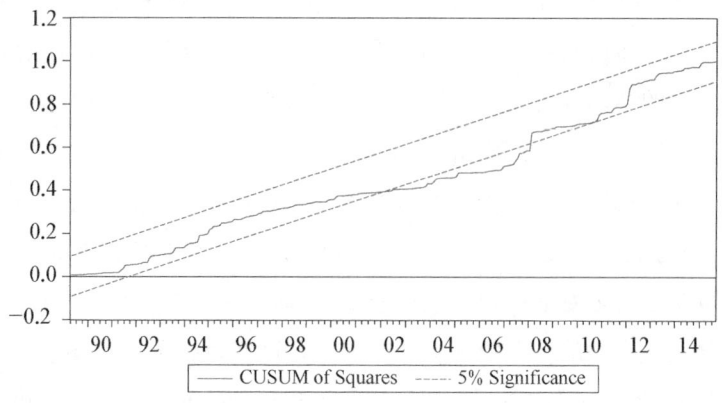

图 5-4　AR(1)模型的 CUSUMSQ 检验

检验出结构变化的方向等。更主要的是,该检验无法排除影响价格变化的供给和需求方面的因素。在下文中,我们将首先分析影响食品价格的供求因素,主要是通货膨胀的经济环境和食品制造业原材料价格成本,进而在 ARMAX 模型下考察通道费普及之后食品价格数据生成机制的变化。

首先,食品价格的持续上涨可能是同期物价水平总体上涨的一个缩影。但在本书研究的时间跨度内,中国的物价水平上升有限:2002—2015 年,中国 CPI 总水平累计上涨 41.9%,年均上涨 3.2%。而同期食品价格累计上涨 114.5%,年均上涨 8.8%,是 CPI 总水平涨幅的 2.7 倍。可见,并不是通道费膨胀的大环境使食品价格上涨,而是食品价格的快速上涨在一定程度上拉升了总体物价水平。为了更直观地说明食品价格上涨的孤立性,这里给出同期另一种日常生活用品——服装鞋帽零售价格指数的走势图,如图 5-5 所示。

从图 5-5 可以看出,在 2002 年以前,两类商品的零售价格指数走势高度一致,但从 2002 年开始,食品类商品零售价格指数持续走高,而服装鞋帽零售价格指数保持平稳。可见,这一时期的食品价格上涨与通货膨胀没有直接关系。至此,通道费普及后食品价格上涨的通胀诱因已经排除。

那么,在 2002 年通道费普及的前后,是否恰好存在食品原材料价格的突然上涨呢?答案是肯定的。2001 年 7 月,针对我国加入世贸组织给粮食产销带来的机遇和挑战,国务院下发了《关于进一步深化粮食流通体制改革

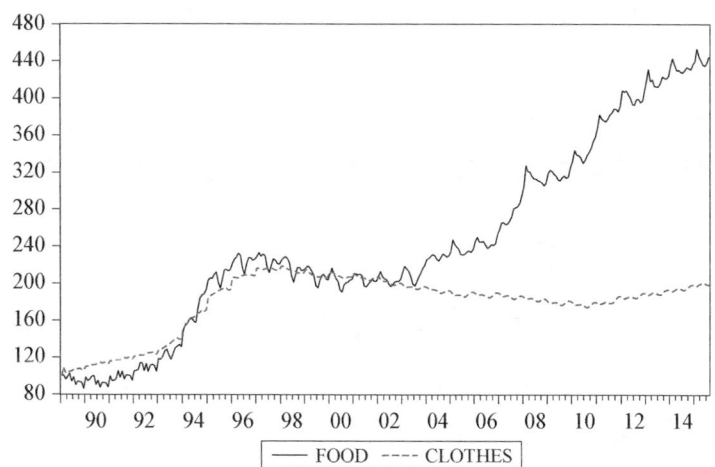

图 5-5　食品—服装鞋帽零售价格指数(1989.01＝100)

的意见》,要求加快粮食购销市场改革、粮食价格由市场决定,粮食价格由此出现了一定幅度的持续上涨。粮食价格的上涨提高了食品制造业的生产成本,这一点从农副产品购进价格指数(Purchasing Price Index)的走势可以清晰地看出来[①]:

图 5-6　农副产品购进价格指数(1995.10＝100)

可见,农副产品购进价格指数(下简称农副产品 PPI)在 2002 年后也出现了持续上涨。这即是说,粮改引发的食品制造业原材料价格上涨和通道

---

① 根据国家统计局的数据披露情况,本书获得了以 1995 年 10 月为基期的农产品购进价格指数月度数据。

费的普及几乎发生在同一时点。因此,要考察通道费的普及与食品价格上涨之间的关系,必须排除原材料价格的影响。如果考虑了原材料价格上涨这一因素后,通道费的普及仍然提高了价格水平,则可以将通道费普及后的价格上涨归因于通道费。下文将通过对食品 RPI 进行 ARMAX 建模明确这一点。

5.2.2 ARMAX 模型下的通道费

1. 模型设定

ARMAX 模型是对"自回归移动平均(ARMA)模型"的扩展。与 ARMA 模型不同的是,ARMAX 模型允许在模型中加入外生变量,以更完备地考察时间序列的数据生成机制。在本例中,待考察的时间序列为食品 RPI,而外生变量为农副产品 PPI。由于食品 RPI 和农副产品 PPI 都为单位根序列[①],需要对原始时间序列进行差分。记差分后的食品 RPI 和农副产品 PPI 分别为△RPI 和△PPI,以下对△RPI 进行 ARMAX 建模。

为便于表述,首先写出△RPI 在 ARMAX 模型下的一般性表达式,如(5-1)式所示。

$$\Delta RPI_t = \beta + \sum_{i=1}^{p} \alpha_i \Delta RPI_{t-i} + \sum_{j=0}^{q} \gamma_j \Delta PPI_{t-j} + \sum_{k=1}^{r} \varphi_k u_{t-k} + u_t$$

(5-1)

其中,β 为截距项,$\sum_{i=1}^{p} \alpha_i \Delta RPI_{t-i}$ 为自回归项,$\sum_{j=0}^{q} \gamma_j \Delta PPI_{t-j}$ 为外生变量及其滞后项的线性组合,$\sum_{k=1}^{r} \varphi_k u_{t-k}$ 为移动平均项,u_t 为误差项。由于 β 的大小直接影响到序列随时间变化的增减幅度[②],β 在通道费普及前后的稳定

[①] 出于简洁,单位根检验的过程未予呈现。
[②] 如在带漂移的随机游走模型中,序列以斜率 β 随时间线性变化。

性将是衡量通道费对价格水平影响的指标。具体的实现方法是在模型中加入通道费普及与否的虚拟变量①。具体地,设 $\beta = \beta_0 + \beta_1 d_t$,其中, $d_t = \begin{cases} 1 & t \geqslant 2002 \\ 0 & \text{otherwise} \end{cases}$ 为通道费普及与否的虚拟变量,进而(5-1)式变为

$$\Delta RPI_t = \beta_0 + \beta_1 d_t + \sum_{i=1}^{p} \alpha_i \Delta RPI_{t-i} + \sum_{j=0}^{q} \gamma_j \Delta PPI_{t-j} + \sum_{k=1}^{r} \varphi_k u_{t-k} + u_t \tag{5-2}$$

这里主要考察 β_1。如果 β_1 显著为正,则说明通道费改变了食品 RPI 的数据生成机制,且提高了价格随时间变化的攀升幅度。

2. 实证结果

ARMAX 建模是对时间序列所遵循的 ARMAX(p, q, r) 过程反复验证,并最终确定其数据生成机制的过程。经过反复尝试,我们发现下式所示的 ARMAX 模型较好地拟合了样本数据:

$$\Delta RPI_t = \beta_0 + \beta_1 d_t + \alpha_0 \Delta PPI_t + \varphi_1 u_{t-1} + \varphi_2 u_{t-2} + \varphi_{12} u_{t-12} + \varphi_{13} u_{t-13} + u_t \tag{5-3}$$

相应的回归结果见表 5-2。

表 5-2 △RPI 的 ARMAX 模型回归结果

β_0	β_1	α_0	白噪声检验
−0.05 (−0.30)	0.57 (2.89)***	0.42 (5.53)***	Q=29.21 P=0.51
φ_1	φ_2	φ_{12}	φ_{13}
−0.24 (−3.72)***	0.18 (2.92)***	−0.35 (−5.45)***	0.14 (2.50)**

注:(1) 括号内的数值为 z 值或 t 值,*** 表示 1% 水平上的统计显著性,** 表示 5% 水平上的统计显著性。(2) 误差项白噪声检验的滞后期为 30。

---

① 由于模型中的 △PPI 的统计起点为 1995 年 11 月,而在这之后发生了亚洲金融危机,因此,原则上也应在模型中加入相应的虚拟变量。但这会使得金融危机前的样本量过小,从而影响估计过程的有效性。因此,这里以 1998 年 1 月为起始点进行估计。

为便于分析,这里将表 5-2 中的估计结果用回归方程的形式表示,并将差分方程还原成水平值方程,如(5-4)式所示

$$R\hat{P}I_t = -0.05 + 0.57 d_t + 0.42 \Delta PPI_t + RPI_{t-1} + z_t$$
$$(-0.30)(2.89)^{***} \quad (5.53)^{***} \tag{5-4}$$

其中,$R\hat{P}I_t$ 为 RPI_t 的估计值,$z_t \equiv \varphi_1 u_{t-1} + \varphi_2 u_{t-2} + \varphi_{12} u_{t-12} + \varphi_{13} u_{t-13}$ 为往期误差项的线性组合。从该式可以看出,当期食品 RPI 是本期农副产品 PPI 增量的一个比例、上一期食品 RPI、截距项、误差项线性组合的加总。这即是本研究得出的食品 RPI 数据生成机制[①]。而由于通道费虚拟变量 d_t 的系数显著为正,因此可以认为通道费的普及改变了食品 RPI 的数据生成机制,提高了价格随时间变化的攀升幅度。为了看清这一点,将(5-4)式关于 t 反复迭代,并略去不显著的截距项,可以得到

$$R\hat{P}I_t = RPI_0 + 0.57 \sum_{i=0}^{t} d_i + 0.42(PPI_t - PPI_0) + \sum_{i=0}^{t-1} z_{t-i}$$
$$\tag{5-5}$$

其中,RPI_0、PPI_0 为食品 RPI 和农副产品 PPI 的初始值。由此可见食品 RPI 和农副产品 PPI 正相关:农副产品 PPI 每增加 1,食品 RPI 同期增加 0.42。仍需对上式按 t 的大小进行分类讨论:若 $t \leqslant s$,s 为通道费普及时间节点的前一期,则 d_i 全部取 0,进而(5-5)式变为

$$R\hat{P}I_t = RPI_0 + 0.42(PPI_t - PPI_0) + \sum_{i=0}^{t-1} z_{t-i} \tag{5-6}$$

若 $t > s$,则(5-5)式变为

$$R\hat{P}I_t = -0.57 s + RPI_0 + 0.57 t + 0.42(PPI_t - PPI_0) + \sum_{i=0}^{t-1} z_{t-i}$$
$$\tag{5-7}$$

通过(5-6)式和(5-7)式及其对比可以看出,在通道费普及之前,食品

---

① 它在形式上与经济周期理论中的"乘数—加速数模型"有相似之处。

RPI 并没有独立的时间趋势。它之所以随时间变化上下波动,主要是因为同期的农副产品 PPI(生产成本)随时间波动;而在通道费普及之后,食品 RPI 有了独立的时间趋势,它不仅随着农副产品 PPI 的增长而增长,也随时间变化线性增长。因此,通道费的普及改变了食品 RPI 的数据生成机制,提升了价格随时间变化的攀升幅度。

综上,通过 ARMAX 模型,本书得出了食品 RPI 的数据生成机制,并发现在分离出原材料价格上涨对食品价格走势的影响后,通道费的普及仍提高了食品价格水平。至此,通道费的提价效应已被证实。这一方面与我们的理论模型的预测相吻合,另一方面也与王振霞(2011)[①]"流通体制与市场建设滞后对食品价格上涨起到了推波助澜的作用"的观点相一致。

至此,我们已经完成通道费对价格影响的实证研究。该研究的基本结论是,通道费改变了商品零售价格指数的数据生成机制,提高了价格指数随时间变化的攀升幅度。由于价格指数即为价格水平的相对数,因此,通道费提高了价格水平、降低了消费者福利这一理论命题得到了数据支持。在下文中,我们将通过数据分析考察通道费对供应商利润的影响。

5.3 通道费对供应商利润影响的实证研究

本节研究通道费的普及对供应商利润的影响。由于各统计口径都没有"供应商"这一统计对象,因此这里以制造商利润为代理变量。本研究的基本构想是,以制造商的利润率为研究对象,运用准实验思想下的 DID (difference in difference)方法,考察受到通道费影响的企业的利润率在通道费出现前后是否有显著差异,并与同期未受到通道费影响的企业的利润率变化情况相比较,从而明确通道费对制造商利润的影响。

---

① 王振霞.我国食品价格波动原因及价格稳定机制研究[J].财贸经济,2011,(9):113-119.

5.3.1 数据结构

1. 样本选取和数据来源

我们选择制造业全行业的一个子集来作为本书的研究对象。这里设定了两个行业选择标准：① 该行业在是否受到通道费影响的问题上是明确的；② 被选取的不同行业相互之间具有较充分的可比性。标准①意味着那些分销渠道较多且难以判断其主分销渠道的行业，如文体用品制造业，将不在本研究的样本内；标准②意味着那些与人们日常生活关系不大，或在商品属性和分销渠道上与超市经营产品差异过大的行业，如各种生产资料制造业和交通运输设备制造业，将不在本研究的样本内。据此，我们选取了国民经济行业分类中二分位行业代码为 14、15、16、18、19、26 中的绝大部分行业作为研究样本。在样本的时间跨度上，我们选择 1999—2003 年的数据作为研究对象，该时间跨度既涵盖了通道费普及的时间节点，又基本排除了电子商务的给生产商带来的便利抵消了通道费的负面影响的情况[①]。因此，本研究的数据结构是时间跨度为 5 年的宽面板数据。在数据来源上，本研究所有原始数据均来源于中国工业企业数据库，共 91 037 个样本点。另外，由于在 2002 年国民经济行业分类的国家标准发生了变化，需要对 2002 年前后样本行业的行业代码进行匹配。匹配结果见表 5-3。

表 5-3 行业代码匹配表

GB/T4754—1994	GB/T4754—2002	本书代码
141 糕点、糖果制造业	141 烘焙食品制造 142 糖果、巧克力及蜜饯制造	01
142 乳制品制造业	144 液体乳及乳制品制造	02
143 罐头食品制造业	145 罐头制造	03
144 发酵品制造业 145 调味品制造业	146 调味品、发酵品制造业	04

[①] 在一定程度上改变生产商分销模式和消费者消费习惯的"淘宝网"成立于 2003 年 5 月。

续 表

GB/T4754—1994	GB/T4754—2002	本书代码
149 其他食品制造业	143 方便食品制造业 149 其他食品制造业	05
151 酒及饮料酒制造业	151 酒精制造 152 酒的制造	06
152 软饮料制造业 159 其他饮料制造业	153 软饮料制造	07
155 制茶业	154 精制茶加工	08
161 烟草复烤	161 烟草复烤	09
162 卷烟制造	162 卷烟制造	10
169 其他烟草制品加工	169 其他烟草制品加工	11
181 服装制造	181 纺织服装制造	12
182 制帽业	183 制帽	13
183 制鞋业 189 其他纤维制品制造	182 纺织面料鞋的制造	14
191 制革业	191 皮革鞣制加工	15
192 皮革制品制造	192 皮革制品制造	16
193 毛皮鞣制及制造业	193 毛皮鞣制及制品加工	17
195 羽毛及制品业	194 羽毛加工及制品制造	18
268 日用化学品制造业	267 日用化学品制造业	19

上表中第一列为 2002 年(含)之前的行业分类标准,第二列为 2002 年后的行业分类标准,第三列为本书为便于表述而对各行业进行的编码。从上表可以看出,本研究以行业三分位代码为行业分类标准,共包含 19 个样本行业。其中,行业 01—08 以及行业 19,即食品、饮料和日化用品业,为受到通道费影响的行业,行业 09—18,即烟草、服装业,为未受到通道费影响的行业。在 DID 思想下,受到通道费影响的行业即为本研究的处理组 (treatment group),未受到通道费影响的行业则构成本研究的对照组 (control group)。

2. 指标选取

这里分析除了通道费相关的虚拟变量外,需要在利润率的回归方程中加入哪些控制变量,以使得各行业的样本利润率可以视为来自同一总体。参考张杰等(2011)[①]以及刘海洋、汤二子(2012)[②]在分析中国企业利润来源时的模型设定,我们把相应的控制变量分为企业层面的控制变量以及行业和地区层面的控制变量。

(1) 企业层面的控制变量。为捕捉在个体层面影响企业利润率的主要因素,我们选取全要素生产率、企业规模、所有制、资本密集度、企业年龄为控制变量。全要素生产率(tfp)是企业层面最重要的控制变量,因为它是衡量企业技术水平、管理能力和组织效率的综合性指标,是决定企业盈利能力的重要因素。这里将基于 Levinsohn 和 Petrin(2003)[③]开发的半参数估计法对样本企业的全要素生产率进行估计。企业规模(scale)是常见的控制变量,这里用企业固定资产净值的对数为衡量该变量的指标。所有制是考察企业行为绩效时不可忽视的因素,一般认为在国企改革的起步和探索阶段,国有企业在运营过程中由于缺乏完备的激励机制而效率相对低下,这里依据企业的登记注册类型设定国有企业虚拟变量(national)。资本密集度(density)是考察企业绩效影响因素时的惯用变量(如孙晓华、田晓芳,2009[④];张杰等,2011;吕兆德、何子衡,2012[⑤]),这里用企业固定资产净值与从业人数的比值作为其衡量指标。另外,一些学者认为企业的组织管理效率和进取心会随着年龄的增加而下降,因此,企业的盈利能力会随着年龄的增长而下降(张杰等,2011;刘海洋、汤二子,2012)。基于此,这里将企业年龄(age)也纳入回归方程之中。

---

① 张杰,黄泰岩,芦哲.中国企业利润来源与差异的决定机制研究[J].中国工业经济,2011,(1):27-37.

② 刘海洋,汤二子.中国企业制造业利润来源及其作用:2005—2008[J].科学学与科学技术管理,2012,(3):140-148.

③ Levinsohn J, Petrin A. Estimating Product Functions Using Inputs to Control for Unobservables[J]. Review of Economic Studies, 2003, 70(2):317-341.

④ 孙晓华,田晓芳.企业规模、市场结构与创新能力[J].大连理工大学学报(社科版),2009,(6):29-33.

⑤ 吕兆德,何子衡.上市公司年度盈余持续性影响因素研究[J].北京师范大学学报(社科版),2012,(2):121-129.

(2) 行业和地区层面的控制变量。这里设定了行业虚拟变量(industry)和地区虚拟变量(region)作为控制变量。其中,行业虚拟变量的设定以表1所示的行业分类标准为依据,地区虚拟变量的设定以"东部、东北、中部、西部"的地区划分标准[①]为依据。

至此,本研究的变量和数据结构已经明确,下面考虑回归模型的设定和估计。

5.3.2 模型设定和全要素生产率的估计

1. 模型设定

DID方法常见的实现途径是建立包含组别虚拟变量、时期虚拟变量以及它们交叉项的线性回归方程。但在本模型中,由于引入了行业虚拟变量作为控制变量,并且对照组和处理组的划分也以样本所属的行业为依据,这使得组别虚拟变量和行业虚拟变量的共存会导致完全共线性。因此,我们在回归方程中略去了组别虚拟变量,这并不影响对DID结果的识别,且能够保留行业控制变量的作用。具体回归方程见(5-8)式。

$$rate_{ijt} = \beta_0 + \beta_1 sft_{ijt} + \beta_2 sft_{ijt} * sfi_{ij} + \beta_3 tfp_{ijt} + \beta_4 scale_{ijt}$$
$$+ \beta_5 national_{ij} + \beta_6 density_{ijt} + \beta_7 age_{ijt} + \sum \alpha_j industry_{ij}$$
$$+ \sum \gamma_j region_{ij} + a_i + u_{ijt} \tag{5-8}$$

上式中的 i,j,t 分别表示企业、行业和年份。$rate_{ijt}$ 表示企业的利润率。为保证计量结果的稳健性,这里分别以企业的净利润率和营业利润率作为被解释变量,计算方法为净利润/销售额以及营业利润/销售额。$sft_{ijt} = \begin{cases} 1 & t \geqslant 2002 \\ 0 & otherwise \end{cases}$ 为通道费在零售业界是否普及的虚拟变量。$sfi_{ij} = \begin{cases} 1 \\ 0 \end{cases}$ 为企业是否属于受通道费影响行业的虚拟变量,若该企业隶属于受到通道费影响

[①] 本章中,东部地区包括京、津、冀、鲁、苏、沪、浙、闽、粤、琼,东北地区包括黑、吉、辽,中部地区包括晋、豫、徽、鄂、湘、赣,其余省份属于西部地区。

的行业(即本书中代码为 01—08,19 的行业),则其取 1,反之取 0。通过简单的分类讨论可知,β_1 为未受通道费影响的企业在 2002 年前后利润率的变化,$\beta_1+\beta_2$ 为受到通道费影响的企业前后利润率的变化。因此,β_2 即为处理组和对照组利润率变化之差,它是本研究的核心关切。a_i 为非观察效应,u_{ijt} 为随机扰动项。

显然,在回归方程中,除了企业全要素生产率,其余解释变量都可以从原始数据中直接得到。下面对企业全要素生产率进行估计。

2. 企业全要素生产率的估计

这里使用 LP 半参数估计法对全要素生产率进行估计。

(1) LP 半参数估计法的基本原理。假定生产函数为科布—道格拉斯形式,如(5-9)式所示。

$$y_t = \phi_k k_t + \phi_l l_t + \omega_t + \eta_t \tag{5-9}$$

其中,y_t 为企业产出增加值的对数;k_t 为企业资本存量的对数;l_t 为劳动投入的对数;$\omega_t + \eta_t$ 为企业在 t 期的全要素生产率,其中,ω_t 由企业的技术水平等因素决定,企业据此作出各种决策,但其无法被经济学家所观测,η_t 为随机扰动项。由于 ω_t 和解释变量相关,因此用 OLS 估计资本和劳动的系数将是有偏和不一致的,从而相应的残差项不能作为全要素生产率的一致估计。一个解决办法是找到 ω_t 的代理变量。Levinsohn 和 Petrin(2003)认为,企业生产过程中的各种中间投入或固定资产投资都可以作为 ω_t 的代理变量,如(5-10)式所示。

$$\omega_t = \omega_t(k_t, m_t) \tag{5-10}$$

其中,m_t 是企业的中间投入或固定资产投资。该式的背后逻辑是企业的投入是其资本存量和技术水平的函数,进而可以通过反函数形式将 ω_t 用资本和投入表示出来。从而,(5-9)式可以写成

$$y_t = \phi_l l_t + \varphi_t(k_t, m_t) + \eta_t \tag{5-11}$$

其中

$$\varphi_t(k_t, m_t) = \phi_k k_t + \omega_t(k_t, m_t) \qquad (5-12)$$

将 $\varphi_t(k_t, m_t)$ 进行多项式展开，即可用 OLS 估计(5-11)式，从而得到 ϕ_l 的一致估计量 $\hat{\phi}_l$。

考虑对 ϕ_k 的估计。假定 ω_t 服从一阶马尔科夫过程，即

$$\omega_t = E(\omega_t \mid \omega_{t-1}) + \varepsilon_t \qquad (5-13)$$

将上式代入(5-9)式并移项可得 $y_t - \phi_l l_t = \phi_k k_t + E(\omega_t \mid \omega_{t-1}) + \varepsilon_t + \eta_t$。由于已经获得了 ϕ_l 的一致估计量 $\hat{\phi}_l$，只要得到 $E(\omega_t \mid \omega_{t-1})$ 的一致估计，即可用非线性最小二乘法得出 ϕ_k 的一致估计。而根据(5-12)式，有 $\omega_t(k_t, m_t) = \varphi_t(k_t, m_t) - \phi_k k_t$，进而定义

$$\hat{\omega}_t \equiv \hat{\varphi}_t - \phi_k k_t \qquad (5-14)$$

其中，$\hat{\varphi}_t \equiv y_t - \hat{\eta}_t - \hat{\phi}_l l_t$。$\hat{\omega}_t$ 可视为 ω_t 的实现值。同理可以写出 $\hat{\omega}_{t-1}$ 的表达式。用 $\hat{\omega}_t$ 关于 $\hat{\omega}_{t-1}$ 作多项式回归，并取其拟合值，该拟合值即为 $E(\omega_t \mid \omega_{t-1})$ 的一致估计，记为 $\hat{E}(\omega_t \mid \omega_{t-1})$。从而，$\varphi_k$ 的估计值可从如下最小化问题求出：

$$\min_{\phi_k} \sum (y_t - \phi_k k_t - \hat{\phi}_l l_t - \hat{E}(\omega_t \mid \omega_{t-1}))^2$$

至此，生产函数中各个参数已经估计完成。进而根据全要素生产率的定义，提取(5-9)式的残差项即可得到企业的全要素生产率。

(2) 全要素生产率的估计结果。LP 方法中代理变量的选取是灵活的：投资、燃料、用电量、原材料投入等都可以用作代理变量。这里选取企业的投资为代理变量。另外，为保证各年数据之间的可比性，这里以 1999 年为基期，通过各行业工业品出厂价格指数和固定资产投资价格指数对工业增加值、资本存量和投资进行平减。在按李玉红等(2008)[1]的异常值筛选方法剔除错误样本后，前述数据结构共形成了 37 619 个用于估计生产函数的有效样本。生产函数的估计结果如表 5-4 所示：

---

[1] 李玉红,王浩,郑玉歆.企业演化：中国工业生产率增加的重要路径[J].经济研究,2008,(6):12-24.

表 5-4　生产函数的估计结果

l	k	N
0.502 52	0.303 20	37 619
(63.55)***	(8.51)***	

其中,劳动投入的弹性为 0.5,资本投入的弹性为 0.3,劳动对产出的贡献率大于资本对产出的贡献率。由于我们选取的行业多为劳动密集型产业,该估计结果是合乎情理的。在此基础上,可以得到各企业各年的全要素生产率水平(包括因投资项缺失而未参与生产函数估计的样本点),共 91 037 个值。为了看出全要素生产率的分布,这里给出其核密度估计图。如图 5-7 所示。

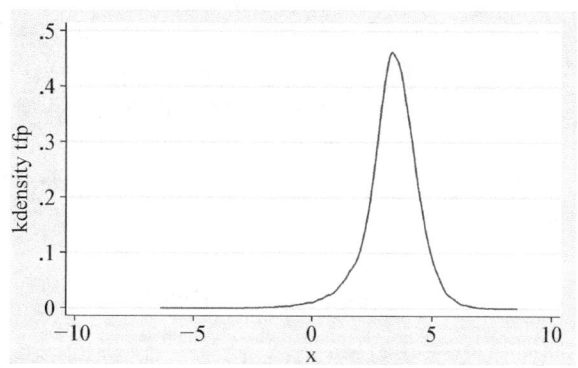

图 5-7　TFP 的核密度估计

从上图可以看出,样本企业的全要素生产率以 3.6 为均值呈准对称分布。同样,由于这里的样本企业大多隶属于技术水平不高的劳动密集型产业,该结果略低于鲁晓东、连玉君(2012)在全行业全要素生产率上的估计结果[①]。另外,由于我们设置了所有制虚拟变量和地区虚拟变量,进而可以给出不同类型、不同地域企业全要素生产率的核密度估计。如图 5-8、图 5-9 所示。

---

① 鲁晓东,连玉君.中国工业企业全要素生产率估计:1999—2007[J].经济学季刊,2012,(1):541-558.

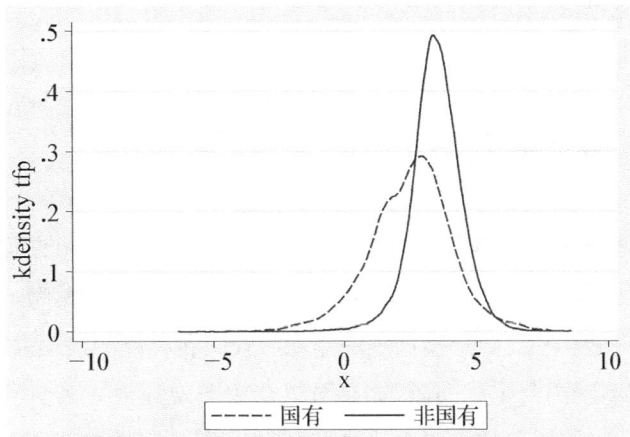

图 5-8 国有企业和非国有企业的 TFP

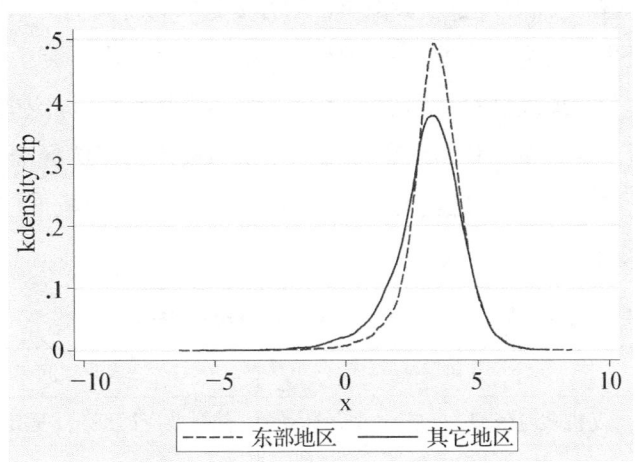

图 5-9 东部地区和其他地区的 TFP

从上图可以看出,较之国有企业的全要素生产率,非国有企业的全要素生产率更多地分布在较高水平上。类似地,东部地区企业的全要素生产率较之其他地区有着更高的均值和更低的离散程度。总之,非国有企业或东部地区企业总体上拥有相对较高水平的全要素生产率,这与通常的经验认识相一致。

综上,通过 LP 半参数估计法,我们获得了合乎常理的企业全要素生产率估计值。这将为下文进一步考察通道费对企业利润的影响奠定了坚实基础。

5.3.3 实证结果

获得了企业的全要素生产率,便可以对(5-8)式的回归方程进行估计了。在对面板数据进行估计之前,首先需要考虑固定效应模型或随机效应模型的选择。理论上,如果模型中的非观测效应和解释变量相关,则需要用固定效应模型解决内生性问题;如果可以认为非观测效应和解释变量不相关,则随机效应模型下的广义最小二乘法可以彻底解决序列相关问题。而豪斯曼检验可以作为判断非观察效应和解释变量是否相关的一个标准。但是,固定效应模型需要对各横截面单位的各变量取其时间上的离差,这使得不随时间变化的变量无法纳入固定效应模型中。而在本研究中,企业的所有制、所属行业、地理位置是不随时间改变的,从而无法在固定效应模型下估计。此时的豪斯曼检验的结果也就无法作为模型选择的标准。因此,为保证计量结果的稳健性,这里同时给出固定效应模型和随机效应模型的回归结果,见表5-5。

表5-5 企业利润率影响因素回归结果

	净利润率		营业利润率	
	随机效应模型	固定效应模型	随机效应模型	固定效应模型
sft	−0.006 31 (−2.96)***	−0.009 04 (−3.79)***	−0.003 20 (−0.79)	−0.009 04 (−1.95)**
sft * sfi	−0.013 23 (−3.93)***	−0.017 31 (−4.60)***	−0.016 00 (−2.48)**	−0.018 97 (−2.60)***
tfp	0.064 69 (62.34)***	0.043 88 (28.61)***	0.078 60 (39.69)***	0.057 43 (19.31)***
scale	−0.000 59 (−0.69)	0.005 27 (2.74)***	0.001 80 (1.11)	0.011 39 (3.05)***

续 表

	净利润率		营业利润率	
	随机效应模型	固定效应模型	随机效应模型	固定效应模型
density	−0.000 03 (−9.64)***	−0.000 02 (−5.04)***	−0.000 03 (−4.88)***	−0.000 02 (−2.15)**
age	−0.000 87 (−7.96)***	−0.000 19 (−0.84)	−0.001 41 (−6.77)***	−0.000 43 (−0.99)
national	−0.080 17 (−18.07)***		−0.085 38 (−10.10)***	
east	0.033 17 (7.78)***		0.031 35 (3.86)***	
middle	0.030 05 (6.17)***		0.037 32 (4.01)***	
northeast	0.034 69 (5.27)***		0.056 91 (4.54)***	

注:(1) 括号内的数值为 z 值或 t 值,***、** 分别表示1%、5%水平上的统计显著性。
(2) 行业虚拟变量的回归结果未报告。

首先分析通道费对制造商利润的影响。如前所述,sft 的系数为未受通道费影响的企业前后利润的变化,sft∗sfi 为受到通道费影响企业的利润变化与未受到通道费影响企业的利润变化之差。根据表 5-5,以企业净利润率的随机效应模型的回归结果为例,未受到通道费影响的企业(如卷烟厂、服装厂)的利润率在 2002 年之后下降了 0.6 个百分点[①],而受到通道费影响的企业(如食品生产商、日化用品生产商)的利润率在 2002 年之后下降了 1.9 个百分点,从而通道费的普及使得上游制造商的利润率下降了 1.3 个百分点。企业净利润率的固定效应模型的回归结果是相似的:通道费使制造商的利润率下降了 1.7 个百分点。

以企业营业利润率为衡量指标的估计结果在数值上略大于以净利润

---

① 以原利润率 4% 为例,这里"下降 0.6 个百分点"指利润率由 4% 变为 3.4%,而非由 4% 变为 (1−0.006)∗4%。下同。

率为衡量指标的计量结果:随机效应模型下通道费使制造商的利润率下降了1.6个百分点,固定效应模型下通道费使制造商利润率下了1.9个百分点。考虑到企业的营业利润率本身大于净利润率,因此,该结果在直观上十分合理。总之,不同的衡量指标和不同的计量模型在通道费如何影响制造商利润上的结论是一致的:通道费挤压了上游制造商的利润空间。值得一提的是,国内制造业的净利润率一般在2%到4%之间,而通道费使企业的净利润率降低了超过1个百分点,可见通道费对于制造商盈利能力的负面影响是十分显著的。这解释了业界围绕通道费所产生的激烈的零供矛盾。

最后简要分析各控制变量对企业利润的影响。① 全要素生产率对企业利润有着十分显著的正向影响:如果将水平值生产函数 $Y = AK^\alpha L^\beta$ 中的 A(而非其自然对数)定义为全要素生产率,则表5-5中以净利润为解释变量的随机效应模型 tfp 系数估计值可解释为,企业的全要素生产率每增长1个百分点,企业的净利润率将增长6个百分点,其他模型下的估计结果是相似的。因此,企业的技术水平、管理能力和组织效率是决定企业盈利能力的核心因素。② 规模和年龄对企业利润的影响在不同的模型设定下呈现出不同的结果。由于固定效应模型所不能包含的所有制因素和行业因素很可能与企业的规模和年龄相关,从而造成模型中相关系数的偏误,这里以随机效应模型的估计结果为准。从表5-5可以看出,企业的规模和其利润率水平没有显著关系,而年龄和利润率负相关。这印证了企业的运行效率和进取心会随着年龄的增加而下降,从而降低企业盈利能力的假设。③ 资本密集度和企业利润率负相关,这意味着至少在本研究的时间范围内,劳动密集型企业通常能够获得更高的利润。④ 国有企业的利润率显著低于非国有企业的利润率,西部地区企业的利润率显著低于其他地区企业的利润率,这些与通常经验认识相一致。这些合乎情理的估计结果也从侧面印证了通道费对企业利润影响的估计结果的可靠性。

总之,通过对通道费普及前后制造业企业利润变化的 DID 分析,我们发现受到通道费影响企业的利润率下降幅度明显大于未受到通道费影响企业的利润率下降幅度,因此,零售业通道费的普及显著降低了上游制造商的利润率。这既与我们的理论模型相吻合,也与业内零供矛盾激烈、工商关系紧张的现状相一致。

5.4 本章小结

本章通过计量分析考察了通道费的福利效应。由于零售企业的财务数据无法获得,我们通过考察在通道费普及前后相关经济指标的变化来探究通道费对上下游的福利影响。为了明确通道费在业内普及的时间节点,我们以"通道费"和"进场费"为关键词对早期的报纸、杂志等出版物进行了检索,总结了各年通道费相关文献的数量和主题,从而推断出通道费在2002年成为国内业界普遍采取的经营策略。在此基础上,我们分别研究了通道费的普及对价格水平和供应商利润影响。

在通道费对价格影响的实证研究中,我们以城市食品类商品零售价格指数为研究对象,通过ARMAX模型考察了在通道费普及前后该价格指数的数据生成机制是否发生了变化。结果表明,在排除通货膨胀和原材料价格变动的影响后,通道费的普及改变了价格指数的数据生成机制,使得价格水平持续上涨。基于此,我们得出了通道费提高了相关商品价格水平的结论。

在通道费对供应商利润影响的实证研究中,我们以制造商利润率为研究对象,通过DID方法考察了在通道费普及前后制造商利润率的变化。结果表明,受到通道费影响企业的利润率下降幅度明显大于未受到通道费影响企业的利润率下降幅度,这类企业的利润率比同期其他企业多降低超过1个点。并且,该结果不以利润率衡量指标的变化或所选取计量模型的变化为转移。因此,通道费挤压了上游制造商的利润空间这一结论是稳健的。

至此,我们已经完成通道费福利效应的实证分析,且相应的实证结果与本书理论模型对通道费福利效应的判断完全吻合,即通道费的福利效应是消极的。它挤占了供应商的利润,提高了终端零售价,降低了消费者福利。在这个意义上,零售商的通道费行为应该受到政府的规制。但如前所述,零售商已经开始盈利模式的转型,这对政府的规制策略提出了挑战。在下一章中,我们将通过案例分析,详细论证通道费的产生环境,以及零售业盈利模式的选择和转型,从而为政府规制提供可行的建议。

第 6 章　通道费模式案例研究

本章将进行通道费模式的案例研究。本章的主要目的是通过案例研究,印证本书理论模型中有关通道费形成机理的结论。对于该问题,主要有分为两个层次:一是通道费哪些市场环境中会产生,二是零售企业在哪些情况下会选择或摒弃通道费模式。显然,第一个问题的研究视角是商品或品类,即哪些品类由于其特定的零供环境或商品属性而更容易产生通道费;第二个问题的研究视角是零售企业,即零售商如何根据自身条件选择合适的盈利模式,并在特定条件下进行盈利模式的转型。我们在理论模型中已对这两个问题简要论述过,本章将通过案例分析对相应的理论成果进行实证检验。另外,虽然这两个问题从不同视角讨论通道费的形成机理,但由于前文已把盈利模式的转型定义为对销售返利的摒弃,因此对这两个不同层次问题的讨论有着不同的适用范畴:对通道费产生的市场环境的案例分析与第三章和第四章的理论成果相对应,而对零售商盈利模式转型的案例分析与第三章的理论成果相对应。

在下文中,我们将通过零售企业的财务数据以及中百超市的转型实践论证上述两个问题。在具体的研究方法上,我们将通过某企业后台费在不同品类上分布情况的描述性统计检验有关通道费产生机制的结论,并通过文本分析法研究中百超市的转型实践,从而检验本书有关盈利模式形成机理的结论。

6.1 通道费产生机制的案例分析

本节详细探讨通道费的产生机制。根据第四章对通道费产生机制的总结,通道费根源于零售商的市场力量,且商品需求对分销服务的敏感性也催生了通道费。更具体地,在某个商品或品类下,如果零售商在零供关系中占据主导地位,拥有更强的议价能力,且分销服务能够对商品需求起到明显的促进作用,则该商品或品类就更容易产生保底线性通道费和一次性通道费。下面根据业内企业的财务数据论证这一点。

我们用通道费用的相对数来衡量不同品类通道费的多寡。具体地,我们定义了以下三个指标,分别为后台费率、扣点费率、合同费率。其中,后台费率=(销售返利+合同费)/销售额,扣点费率=销售返利/销售额,合同费率=合同费/销售额。显然,这种相对数衡量指标可以排除某个品类通道费用庞大是因为其销售额巨大的情况。图6-1给出了A超市2015年1—10月后台费率在不同品类上的分布情况。

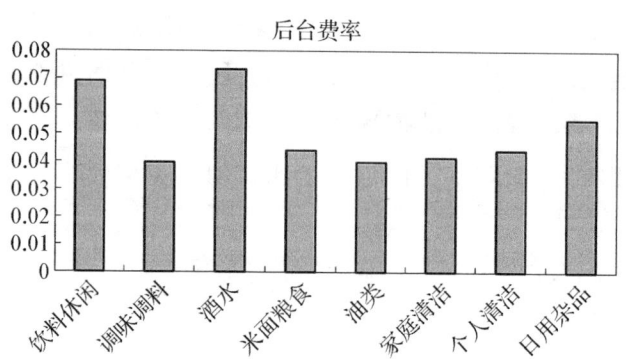

图6-1　A超市后台费率分布情况

上图6-1呈现了A超市的后台费率在八个商品大类上的分布,可以看出,酒水、饮料休闲、日用杂品的后台费率最高。酒类后台费率较高的原因是,除了个别品牌的高端白酒有自己的销售渠道外,其他各种类、各品牌的酒类供应商都对超市这一销售渠道存在极高的依赖性,因此,超市可以根据凭借其优势地位收取高额的通道费。另外，酒类作为非生活必需品和快速消费品，受促销活动的影响较大：消费者常常在促销时囤积一些酒水以备不时之需。饮料休闲类商品的高后台费率在我们的预料之中：饮料休闲类商品包括饮料、饼干糕点、香脆零食、果冻、冲调食品等细分品类，而这些品类由于品牌效应较小，且对超市依赖性很大，其生产商或供应商只有较小的市场力量，加之这类商品多为即时性消费品，受分销服务的影响巨大，因此这类商品存在很高的后台费率。事实上，一些典型的渠道冲突，如家乐福和上海炒货协会的冲突、联华超市和卡夫饼干的冲突、物美超市和金天坛食品的冲突，都发生在该品类下。日用杂品虽然不是即时性消费品，但这类产品往往没有任何品牌效应，其供应商市场力量过小，因此也存在较高的后台费。另一方面，油类和家庭清洁类商品的后台费率最低。这也是符合直觉的。这两类商品对应的行业都呈现典型的寡头垄断特征：在食用油市场中，鲁花、福临门和多力三家企业占据了大部分市场份额；而在日化用品市场中，宝洁和联合利华更是具有极高的垄断力量。这种寡头垄断的行业态势使零售商只拥有相对较小的市场力量，加之这类产品作为生活必需品，具有周期性消费的特征，受分销服务的影响不大，因此，零售商在这些商品只能收到较少的通道费。由此可见，我们关于通道费产生机理的结论较好地解释了现实中通道费在不同品类上的分布。

为了进一步验证保底线性通道费和事前一次性通道费存在的土壤是相似的，我们给出A超市同期扣点费率和合同费率分布的直方图，如6-2所示：

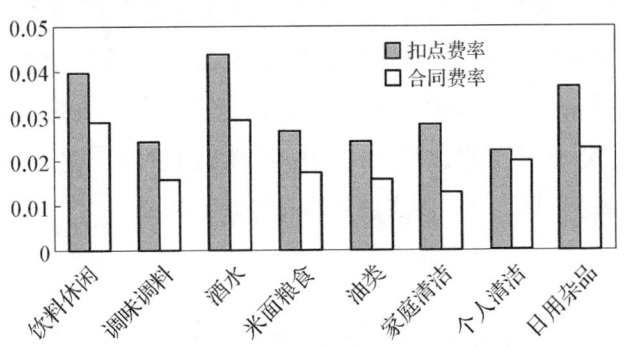

图6-2　不同品类的扣点费率和合同费率

从图 6-2 可以看出，扣点费率和合同费率在各个品类下具有相似的分布：扣点费率和合同费率最高的三个品类都是酒水、饮料休闲和日用杂品；扣点费率最低的品类是油类和个人清洁产品，合同费率最低的品类是油类和家庭清洁产品，而个人清洁产品和家庭清洁产品都属于日化用品。这种相似性印证了保底线性通道费和事前一次性通道费具有相通的产生机制。另外，值得一提的是，从图 6-2 可以看出，在各个品类上，扣点费率都显著高于合同费率，这意味着销售返利的利润贡献显著大于合同费的利润贡献。这就是为什么在很多情境下，"扣点"就是通道费代名词的原因之一[1]。

总之，通过现实中零售企业的财务数据，我们发现通道费确实更多地存在于零售商拥有较大市场力量，且商品需求对分销服务较为敏感的市场环境中。至此，通道费产生机制的实证工作已经完成。在下文中，我们将通过中百超市转型实践的案例分析，得出推动零售商盈利模式转型的因素。

6.2 零售商盈利模式转型的案例分析

本节将通过案例研究考察零售商盈利模式转型的机理。案例研究是基于丰富的定性数据，对某一特定现象问题进行深入描述和剖析的方法，并且这种方法有助于理解某一特定现象背后的动态复杂机制，尤其适合用于观察和总结企业内部的纵向演变机制。此外，与多案例研究相比，单案例研究更适合提炼出解释复杂现象的理论或规律，且单案例研究更适合纵向过程的研究与分析，有利于捕捉管理实践中涌现出来的新现象（Yin, 2010）[2]。因此，本书通过中百超市转型实践的单案例研究来展开。

---

[1] 前文已提到，"扣点"较之合同费更具代表性的另一个原因是，这类费用是国内零售商特有的市场行为，体现了国内零售业盈利模式的特殊性。

[2] 罗伯特·殷. 案例研究设计与方法[M]. 周海涛译. 重庆：重庆大学出版社，2010.

6.2.1 案例描述

在正式开始案例研究之前,首先对这里的案例研究对象——中百超市进行简单的介绍。中百超市的全称为武汉中百超市有限公司。该公司成立于 2001 年 3 月,是中国上市公司中百控股集团股份有限公司的全资公司,是武汉市政府扶持的连锁经营重点企业,是湖北省社区门店规模最大、品牌信誉良好、便民服务项目最齐全的连锁超市。该公司以"服务社区、贴近生活"为企业使命,以"铸造顾客最愿意光顾的超市"为愿景,立足于湖北省进行渗透式扩展,重点在武汉、黄石、鄂州、孝感等湖北省内重点城市布局。公司旗下现拥有"中百超市""中百好邦便利"两大品牌,其中,"中百超市"定位社区超市业态,"好邦便利"定位便利店业态。2010 年以来,中百超市获得了"中国商业质量奖""CCFA 中国零售业创新奖""湖北省五一劳动奖章""湖北省学习型组织标兵单位""CCFA 中国零售业创新大奖"等荣誉,其中,"CCFA 中国零售业创新大奖"是中国连锁经营协会对中百超市在盈利模式上率先转型的认可和嘉奖。

中百超市作为零售业界转型的先驱,同样经历了粗放型的、依靠店面扩张盈利的发展阶段。在发展历程中,中百超市历了"快速扩张""精细管理""全面转型"三个重要发展阶段,如图 6-3 所示。

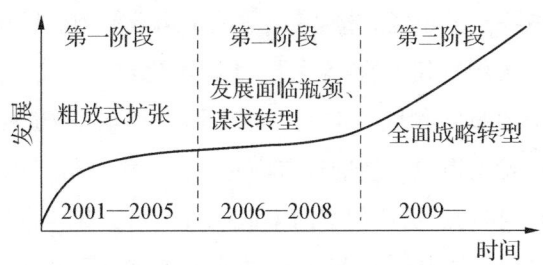

图 6-3 中百超市发展的三个阶段

从图 6-3 可以看出,中百超市第一个发展阶段为 2001—2005 年。本阶段为中百超市快速扩张阶段,公司营收增长方式主要依靠门店数量急剧扩张,经营战略沿袭大卖场的策略,重点在比拼价格。这种粗放型的发展模式树立了中百超市在武汉地区的市场地位,获得了规模扩张的效益。但是,这种"不断开店"和"价格战"的运营模式也引发了经营成本的急剧上升以及利润空间的显著下降。在2005年底,中百超市的企业绩效遭遇瓶颈,企业发展陷入困境。第二阶段是2006—2008年。本阶段为公司的调整阶段。在这期间,公司调整了领导班子。新的领导班子重新评估了公司发展的内外部环境,并提出了"科学经营、精细管理"的经营理念,为公司的成功转型埋下了伏笔。第三阶段是2009年底至今。本阶段是中百超市全面转型的阶段。中百超市之所以作为2009年为转型的起点,是由其和伊利低温奶合作这一"偶发事件"引起的。在下文中,我们将具体介绍这一事件给中百带来的启发,以及随之引发的盈利模式全面转型。当然,在这之前需要进行内容分析法案例研究的例行工作。

6.2.2 构念测度、数据收集和数据编码

1. 构念测度

用内容分析法进行案例研究首先要对构念进行清晰地界定和测度,否则将会导致对组织现象不正确的认识(毛基业、李晓燕,2010)[①]。本案例研究的构念来源于本书模型推导中得到的零售商盈利模式的影响因素:零售商的盈利模式首先取决于其市场力量,其次取决于运营能力。因此,市场力量和运营能力就是本案例研究中的"构念"。下面考虑对这两个构念的测度。

首先是市场力量的测度。本书中的市场力量与"渠道权力"为同一概念,因此,这里借鉴渠道权力理论对市场力量这一构念进行测度。根据经典的渠道权力理论,渠道成员所拥有的渠道权力来源于其渠道伙伴对其的"依赖",且这种依赖的本质是对其占有的资源依赖(Bowersox 和 Cooper,

---

① 毛基业,李晓燕.理论在案例研究中的作用——中国企业管理论坛(2009)综述与范文分析[J].管理世界,2010,(9):106-113.

1992[①];Coughlan,2001[②];Zhuang 和 Zhou,2004[③])。因此,在本案例研究中,生产商对超市这一分销渠道的依赖程度就是对"市场力量"这一构念的测度。

其次是对运营能力的测度。由于我们把运营能力定义为提供分销服务的能力,而分销服务是零售与分销经济学中的基本概念,因此这里根据该学科对分销服务的界定和分类对运营能力这一构念进行测度。Betancourt(2004)在其具有开创意义的 *The Economics of Retailing and Distribution* 一书中将零售商提供的分销服务分为五类,分别为环境服务、品类服务、地理便利性服务、交付服务、信息服务[④]。其中,环境服务和地理便利性服务较为容易理解;品类服务主要指产品的多样化程度和品类结构的合理性;交付服务指按要求的时间和形式为消费者提供所需的商品;信息服务主要指零售商提供商品的价格水平、促销状况和零售网点等信息的服务。这五类分销服务即构成本案例研究对运营能力这一构念的测度。

2. 数据收集

本案例研究的数据主要来源于半结构化访谈和二手资料。

(1) 半结构化访谈

半结构化访谈是一种有效搜集数据和信息的方式,尤其是被研究对象有着明显的、随时间变化的特征时(Eisenhardt 和 Graebner,2007)[⑤]。由于我们全程参与了中百超市零售创新大奖的评选,因此有机会与中百超市的高层管理进行了数次面对面访谈。在完成零售创新大奖的评选工作后,我们与中百超市的管理层建立了长效沟通机制,并多次通过电话和电子邮件

---

① Bowersox, Cooper M. *Strategic Marketing Channel Management* [M]. New York: McGraw-Hill Education, 2004.
② Coughlan T. *Marketing Channels*. 6th [M]. Beijing: Tsinghua University Press, 2001.
③ Zhuang, Guijun, Zhou Nan. The Relationship Between Power and Dependence in Marketing Channels: A Chinese Perspective[J]. *European Journal of Marketing*, 2004, 38(6): 675-693.
④ Betancourt R. *The Economics of Retailing and Distribution*[M]. Northampton: Edward Elgar Publishing, 2004.
⑤ Eisenhardt K, Graebner M. Theory Building And From Cases: Opportunities And Challenges[J]. *Academy of Management Journa*, 2007, 50(1): 25-32.

等方式进行关于零售业盈利模式方面的沟通。每次半结构化访谈都形成访谈笔记,这些访谈笔记即成为我们案例研究的主要资料来源。

(2) 二手资料

由于零售业盈利模式的转型是一个新现象、新课题,且中百超市作为区域性零售商,总体上不具备较高的知名度,学术界少有对中百超市运营管理的专门研究。在这种情况下,本书研究的二手资料主要来自中百超市在零售创新大奖上的申报材料;中百公司内部发行的刊物、宣传资料、企业资料,以及高层管理者的讲话稿等档案资料;CCFA 官网对中百超市的报导以及通过搜索引擎检索出的信息。这些二手资料一方面与我们的访谈笔记相互印证,有效地解决了访谈过程中由于沟通不畅而遗留的细节问题,另一方面也丰富了我们的案例材料,使本书的案例研究更具体、更翔实。

3. 数据编码

编码本质上是实事求是进行概念抽象的过程。在数据编码前,需要将收集到的访谈笔记和二手资料进行汇总,然后进行渐进式编码。

首先,按照已汇总的案例材料进行一级编码,编码原则如表 6-1 所示。其中,对同一来源中同意思和相似意思的表述只记录为一条条目。通过对汇总材料的一级编码,共得到含 63 条一级条目的一级条目库。

表 6-1 一级编码原则

数据来源	数据分类	编码
半结构化访谈	通过面对面交谈获得的资料	I1
	通过电子邮件和电话交流获得的资料	I2
二手资料	通过中百超市的申报材料获得的资料	S1
	通过中百超市内部档案材料获得的资料	S2
	通过 CCFA 官网和搜索引擎检索到的资料	S3

然后,对一级条目库中的一级条目按市场力量和运营能力这两个构念进行二级编码,形成二级条目库。其中,市场力量条目库有 14 个二级条目,运营能力条目库有 49 个二级条目。最后,在各个构念条目库中,对其中的

条目按照构念测度完成三级编码。其中,市场力量条目库中的条目根据生产商对超市的依赖程度进行编码,运营能力条目库中的条目根据五种分销服务进行编码。在三级的编码过程中,为保证条目和构念测度的精确匹配,我们将条目进一步精练为关键词,并将关键词和构建测度进行匹配。当完成条目与构念测度的匹配后,编码工作即宣告完成。表6-2概括了编码过程涉及的相关概念、构念测度、关键词和各构念测度下的条目数。

表6-2 相关构念的条目统计

构念	构念测度	关键词	条目数
市场力量	依赖程度	竞争激烈、渠道多样化、消费习惯改变等	14
运营能力	环境服务	物美价廉、便民服务、陈列竞赛等	11
	品类服务	选品调研、商品分级、淘汰机制等	19
	地理便利性服务	购物班车	2
	交付服务	控制缺货、增加收银台等	10
	信息服务	价签管理、全员促销等	7

6.2.3 案例分析

中百超市的转型并不是超市经营者的突发奇想,而是由特定的历史事件引致的,这一事件就是前文提到的中百超市在低温乳制品上经营模式转变的尝试。2009年,伊利向中百超市表达了在低温乳制品上合作的意向。但当时武汉地区的低温乳制品市场已被蒙牛和光明占据,伊利再想分一杯羹,需要巨大的前期投入:按照当时该类商品既有的零供合作模式,在合同结构上,需要向超市支付12个点左右的扣点收入;而在经营模式上,超市完全不参与商品的营销活动,不提供任何专门的分销服务,而厂商需要自建庞大的营销团队,并在各个门店派驻促销员。在这种情况下,中百超市基于前期初步形成的"精细化管理"模式提出,由中百超市负责商品的一切分销活动,并且不收后台费,但伊利要在批发价上大幅让利。最终,中百超市获得了35个点的毛利,加之营销活动成效显著,其销量十分可观,最终的毛利额显著大于"前台+后台"模式下的毛利预期。并且，由于销量的提升，厂商的收益也好于预期。因此，中百超市在伊利低温奶上的转型尝试最终是一个双赢的结果。通过这次尝试，中百超市发现，如果运营能力足够，销量上得去的话，放弃扣点而只收靠购销差价盈利可能更有利可图，因为对于大中型供应商，已难以签到理想的扣点，而放弃扣点供应商则会大幅让利。在这种情况下，中百超市开始了一系列营销模式和管理模式的创新，进行了一定程度的硬件升级，从而提升了自身的运营能力，并在此基础上逐步推进盈利模式的转型。具体的典型引用语举例及其编码结果如表6-3所示。

表6-3 典型引用语举例及其编码结果

构念	构念测度	典型引用语举例	来源	关键词	编码结果
市场力量	依赖程度	十几年前，供应商求着超市采购他们的产品，因为当时供应商没有更多的分销渠道，产品要么进入超市，要么进入夫妻店，而如今市场环境已经改变，供应商开始挑选超市了。	I2	渠道多样化	依赖程度降低
运营能力	环境服务	超市不只是卖产品，也是卖"生活"。中百超市提供的武汉通充值、代缴水电费、收发快递等服务为消费者的日常生活提供了极大便利。	S1	便民服务	环境服务
		针对以往促销活动中促销力度小从而对顾客吸引力低，促销品种多导致零售商工作量大、效果差的情况，中百超市积极转变新型营销模式，从顾客需求出发，进行了"品种精、价格优、贡献度大"的"精算盘营销活动"。		营销创新	
	品类服务	不是供应商拿什么来，我们就卖什么，我们会通过对周边市场的调研来确定商品组合。	I1	选品调研	品类服务
	地理便利性服务	从中心店出发的各条线路购物班车的每班间隔由30分钟调整为20—25分钟。	S3	购物班车	地理便利性服务
	交付服务	必备品的缺货率控制在3%以内。每周会统计各门店的缺货率，并反馈给营运部门，没有达标会扣分处理。	S1	控制缺货	交付服务

续 表

构念	构念测度	典型引用语举例	来源	关键词	编码结果
信息服务		我们改革了绩效考核制度,在一定程度上实现了"全员促销"。当整个系统都对产品销售进行关注时,销量就提升得非常快。	I1	全员促销	信息服务
		品类管理部联合电脑部制作了新的可视化价签,每个单品的商品等级和陈列位置都用代码说明,从而最大限度避免了价格出错的情况。	S2	价签管理	

上表呈现了在零售商市场力量丧失的大环境下,中百超市是如何通过提供更高水平的分销服务来提升销量,从而支撑盈利模式转型的。事实上,在超市经营者眼中,销量就是一切,只有销量上去了,才能弥补后台毛利的缺口,转型才有利可图。为了提高销量,中百超市进行了诸多制度和管理创新,其中最值得专门提及的是上表中的"精算盘"营销模式。

"精算盘"营销是一种"集中分销"的营销策略。中百超市从2013年第二季度开始"精算盘"营销,每档活动选取30个左右的"英雄商品",营销期为11天,以非促销价的六到七折进行销售,并充分发挥门店点多面广、覆盖率大的优势,进行全门店统一活动。由于参加该促销活动的商品经过精挑细选,覆盖了消费者日常所需的各个方面,因此能够极大地发挥"以点带面"的作用:消费者只是为了看看这期有什么英雄单品,就要去中百超市逛一逛。可见,"精算盘"营销活动不同于以往超市门店的促销活动,其真正做到了从顾客需求出发,在保证商品质量的前提下让顾客获得了最实惠的价格,以少量的让利使整个超市呈现出物美价廉、品类齐全的良好形象。这种良好的公司形象和购物体验在消费者之间口口相传,创造了巨大的销售额,使得中百超市的经营绩效显著提升,最终实现了超市与消费者的"双赢"。这一营销方式被CCFA推广后,为业内其他零售商广泛借鉴。

总之,中百超市通过与伊利牛奶的合作,意识到至少在某些情况下,通道费模式并非最优选择,并由此在企业内部开始了盈利模式转型的推广。为了落实转型,中百超市进行了一系列硬件升级和制度、管理创新,图6-4

概括了中百超市的转型之路。

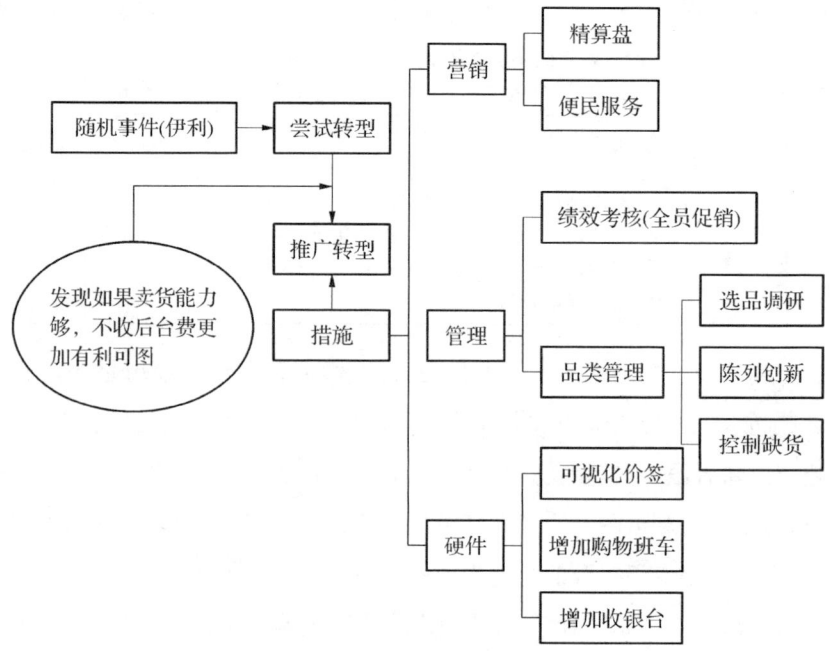

图6-4 中百超市的转型之路

需要说明的是,中百超市的转型虽然源于与伊利牛奶合作这一"随机事件",但中百能够敏锐地抓住这一商业机会,并在发现该合作模式的优势后迅速在全品类、全系统推广盈利模式的转型,与其前期(即前文所述的"第二阶段")在精细化管理上的积淀是分不开的。例如,中百超市转型过程中的一些措施,如绩效考核、选品调研和陈列创新,在前期已经开始实施,只是盈利模式转型后对相关工作的要求更高、更精细。事实上,盈利模式的转型是一个庞大的系统工程,其实施和实现需要先进的组织制度、管理技术、硬件设备、经营理念、企业文化等一系列软硬件基础的支撑。这就是为什么在中百超市转型的成功案例已被业界熟知后,在中百超市的一些营销创新(如"精算盘")已被业界效仿后,虽然"回归传统零售"在一定程度上成为业内共识,但普遍的盈利模式转型并未发生的原因。在这个意义上,政府对零售业的盈利模式转型进行引导和鼓励,扭转"通道费模式"的制度惯性,就显得十分重要。

最后值得一提的是,在中百超市逐步推进转型的过程中,最先实现转型的品牌是可口可乐、百事可乐、娃哈哈、海天、伊利、蒙牛、卡夫、王老吉、百威啤酒、劲酒、旺旺、和路雪这些拥有较大影响力的一线品牌。对此,超市从业者的解释十分简单:这类商品本就收不了多少后台费,还不如多下点工夫靠走量赚钱。这一方面再次印证了零售商相对于供应商的市场力量是其盈利模式的决定因素,另一方面也印证了商品的质量或档次越高,零售商越倾向于选择传统盈利模式的结论。

总之,中百超市的转型实践生动地验证了本书关于零售商盈利模式形成机理的结论,即当零售商市场力量较低、运营能力较强时,不收通道费更有利可图。正是中百超市的转型引起了业界对通道费模式盈利能力和可持续性的反思,并最终使"回归传统零售"在一定程度上成为当下零售业界的共识。

6.3　本章小结

本章通过案例分析验证了通道费的产生机制和零售商盈利模式转型的机理。首先,我们通过特定零售企业的财务数据考察了通道费在不同品类上的分布,并发现样本企业的酒类和饮料休闲这两类商品的后台费率最高,日化用品和食用油这两类商品的后台费率最低,这印证了通道费产生于零售商的市场力量较大,且商品需求对分销服务较为敏感的市场环境下的结论。其次,我们通过中百超市转型实践的案例研究考察了零售商盈利模式转型的机理,并印证了零售商的盈利模式选择取决于自身的市场力量和运营能力,且市场力量较小、运营能力较强时,回归传统零售更有利可图的结论。下一章将根据这些结论讨论政府在通道费问题上的规制策略。

第 7 章 通道费问题的对策建议

本章讨论政府在通道费问题上的对策。首先,论述国内外有关通道费问题的规制经验;其次,集中探讨国内通道费规制存在的问题;最后,从加强规制和鼓励引导转型两方面提出对策建议。

7.1 国内外规制经验

7.1.1 国外规制经验

1. 美国

美国是通道费的诞生地。针对通道费在业界和学术界引发的争议,美国联邦贸易委员会于 2001 年和 2003 年发起了两次大规模调查,但并没有得出通道费本身具有某种反竞争效应的结论。不过,当通道费涉及以下几种情况时,会受到联邦贸易委员会的审查:

第一,当相互竞争的几家大型零售商在通道费费用和货架分配方面达成一致的协议时;

第二,当零售商串谋将某些供应商排除在货架之外时;

第三,当通道费被用作价格歧视时。

在具体实践中,如前文所述,有些州判定通道费违法,有些州判定通道费没有违法,各地裁决因具体情况而异,在行业层面只有联邦烟酒火药管理局在1995年禁止酒类产品零售商收取通道费。可见,在美国,对通道费的监管是相对宽松的,只有在其明确成为排除竞争的工具时,才会受到规制。

2. 法国

法国的零售市场起步较早,市场发展水平也较高,国内不乏家乐福、欧尚集团、菲纳迩斯这些零售巨头。1986年,法国引进德国相对优势地位滥用的概念,在《8611243号价格与竞争自由命令》中将相对地位滥用确定为一项独立的反竞争行为。这是针对20世纪80年代法国零售商滥用市场优势地位的行为而制定的。相关法律规定如下:

第一,反对不正当竞争。禁止企业或集团滥用国内市场支配地位或供应商对该企业或集团的经济依赖。这里的"滥用"行为包括:① 当供应商拒绝缴纳不合理的通道费时,零售商以产品销路不好为由将该供应商的产品下架;② 零售商单方面决定或变更与供应商之间的贸易条件,提出不合理的要求,如果供应商拒绝不合理的条件,零售商转而和其他供应商合作,甚至联合其他零售商抵制该供应商。

第二,禁止差别对待。如果零售商以不同的销售条件对待不同的供应商,则被看作歧视行为,该零售商会受到处罚;如果零售商要终止与供应商的合作,必须要书面告知供应商,不得随意将供应商除名;如果供应商与零售商之间合同发生分歧,当事人可提起民事诉讼,行政机关和检察院也可代表中小供应商到法院提起诉讼,并传讯利用相对优势地位的负责人。

从法国的法律法规中可以看出,法国对供应商的保护较为具体和全面。尽管法国没有明令禁止零售商收取通道费,但对零售商的随意收费行为进行了有效限制,维护了市场竞争秩序。

3. 日本

为避免具有强大购买力的零售企业对供应商实施有失公平的交易行为,日本公平贸易委员会在2005年5月13日出台了《关于大规模零售企业在与供货厂商交易中采取的不公正交易方法的告示》,取代了1954年公布的《关于百货店业采取特定不公正交易方法的告示》。新的《告示》主要有以下几点内容:

第一,禁止不正当的退货。只有当商品出现瑕疵或与实际预定的不相符时才可以退货。

第二,禁止不合理的压价。禁止大型零售商在采购商品后要求供应商降价的行为,但在某种情况下比如商品销量不好需要降价时,供应商也要承担一部分责任。

第三,禁止对特价商品压价。禁止大型零售商对其用于特价销售所采购的商品要求供应商以明显低于正常价格水平的价位提供。

第四,禁止拒绝已经预定好的特定商品。禁止大规模零售企业指示供货企业以特别规格、设计型号等采购特定商品,签订合同后,在不存在应由该供货企业承担责任的事由的情况下,拒绝接收全部或部分该商品的行为。

第五,禁止大型零售商派遣员工为供应商工作并要求供应商提供工资。

第六,禁止大型零售商收受不正当的经济利益。禁止零售商向供应商索取不必要的费用,即使是在一定程度上可以使商品促销的赞助费或者有利于供货企业削减成本的物流使用费等。

第七,禁止在要求被拒绝时对供应商采取不利行为。禁止大型零售商以要求不被满足为理由,对供货企业推迟付款、减少交易数量、停止交易或其他的不利行为。

由此可见,日本在大型零售商滥用优势地位、收取通道费问题上有着非常明确的法律规定。著名的"三越事件""罗森事件"都来自日本公平贸易委员会基于相关法律法规的判决,成为通道费规制的典型案例。

4. 英国

英国主要依靠竞争法来防止大型零售商优势地位滥用的情况。2000年,英国竞争委员会发现大型零售商比小型零售商更具有优势,而且大型零售商的行为损害了供应商的竞争力,因此,英国公平署在2002年实施了《超级市场执业准则》来规范大型零售商的行为。以下为《准则》中与通道费相关的内容:

第一,零售商不得要求供应商支付营业费用。

第二,零售商不得向供应商间接或直接索要以下五种类型的费用。

① 去往新供货商处采购调查的费用;② 艺术设计或包装设计的费用;③ 超市员工工资状况改善的费用;④ 零售商市场调研的费用;⑤ 新店开张的费用或其他店铺维修、重新开张的费用。

第三,对于新商品而言,零售商不得直接或间接以要将新商品加入目录为由向供应商索要费用,但是如果这笔费用用于促销商品的除外。

可以看出,英国对通道费相关行为的干预明显强于美国。新品费、合同费等尚有争议的费用在英国是被禁止的。

5. 德国

德国作为一个大陆法系国家,特别注重法律法规的制定完善。德国于2005年7月15日公布了《反限制竞争法》,在该竞争法中涉及零售商滥用相对优势地位的主要是第十九条和第二十条,具体内容如下:

第一,关于市场支配地位的界定:① 市场上没有其他竞争者或没有面临实质上的竞争;② 相对于其他竞争者自身处于相对突出的地位;③ 一个企业至少占有三分之一的市场份额;④ 三个或三个企业以下组成的整体占有二分之一的市场份额;⑤ 五个或五个企业以下组成的整体占有三分之二的市场份额。满足以上五个条件之一的即认定其具有市场支配地位。

第二,关于滥用市场地位的界定:① 没有实质性正当理由严重损害市场内其他竞争者的利益;② 提出的报酬或其他交易条件与市场上其他供应商要求的报酬或交易条件相差甚远,且无正当理由。当出现以上两种情况时,则被视为滥用市场地位。

第三,关于对滥用市场地位的限制:① 不得在同类企业均可参与的商业交易中无正当理由直接或间接给予同类企业不公平的待遇;② 当供应者依赖于需求者时,禁止在无正当理由的情况下向被依赖企业提出各种不合理的要求或交易条件。

德国的《反限制竞争法》对滥用相对优势地位的企业作出了规制,但可能由于相关法律法规的针对性和可操作性不强,德国企业在实际中运用这些法律法规反制零售商的事例并不常见。

6. 韩国

韩国于1985年公布了《禁止垄断和公平交易法》,并在2001年对其中的大型零售商不公正交易行为类型和标准进行了修订。相关内容如下：

第一，禁止不正当的退货；

第二，禁止大型零售商在购买供应商的商品之后不正当减少商品的价款；

第三，禁止不正当的退款；

第四，禁止为了降价销售强迫供应商明显低于正常价格供应商品；

第五，禁止不正当的拒绝收货；

第六，禁止向供应商索要与销售无关的其他费用，比如店铺装修费、新店开业费、节日庆祝费等。

韩国对通道费的政策与日本相似，都详细规定了大型零售商被禁止的行为。相关政策落实有效，比如家乐福被韩国公平交易委员会多次罚款，累计金额高达上亿美元[①]，对大型零售商滥用市场势力的行为起到了震慑作用。

7.1.2 国内规制经验

1. 地方政府层面

国内的第一家超市为诞生在上海的联华超市，相应地，国内最早产生通道费问题并引发争议和规制也在上海。2002 年 9 月，上海市工商行政管理局发布了《关于超市收费的意见》及《超市收费合同示范文本》。该《意见》首先对超市收费进行了定义："超市收费是指超市在商品定价外，向供货商直接收取或从应付货款中扣除，或以其他方式要求供货商额外负担的各种费用"。进而规定，当零售商向供应商收取费用时，必须遵循以下原则：① 公平合理收费，即收费需要与用途相符，收费后的服务要与金额相匹配，收费必须与分担销售风险相关；② 公开约定收费，即收费的项目、用途标准等必须向供应商公开；③ 公平规范收费，即保持收费的稳定性、透明性和可预见

---

① 联商网.家乐福败走多国，因欺诈被踢出日韩[E]. http://linkshop.com/news/2011168872.shtml.

的变动。同时,《意见》禁止零售商对供应商收取以下五种不正当费用：① 要求供应商负担与其商品销售无关的费用；② 要求供应商负担的费用金额超过供应商可直接获得的商业利益；③ 完全出于达到超市本身财务指标的目的,而要求供货商负担的费用；④ 以各种名义向供应商滥收费用,从中获取不当收费；⑤ 以罚款的名义,向供货商收取费用。《意见》还要求工商行政管理部门和其他行政管理部门加强合同监督,规范收费,查处超市变相摊派(即要求供应商给零售商与销售无关的赞助和捐赠)。①

北京市于 2005 年 2 月施行了《北京市商业零售企业进货交易行为规范》,其中关于通道费进行了如下规定：① 零售商与供货商订立的合同应当明确合同各方的权利与义务,包括购进商品的品种、质量、规格、数量、时间、地点、结算方式、帐期、合同解除条件、违约责任、合同争议解决方式及各方共同约定的其他条款。对合同条款有争议的,应按照合同目的、交易习惯及诚实信用原则,确定其条款的真实意思；② 禁止零售商利用其在市场中所处的相对优势地位订立显失公允的格式条款；③ 直接影响供货商商业利润或利益的促销活动,应事先征求供货商的意见；④ 零售商与供货商在协议中明确约定促销活动的参加办法、经营风险负担、回扣比例、费用分担、售后服务等；⑤ 零售商不得借新店开业、店庆、节日庆典等名义向供货商强行索取赞助费用；不得重复设置或变相设置收费项目；禁止在合同以外强行收取与供货商业务无直接关联的费用；禁止在无合同约定或收费项目、金额未达成一致的情况下,擅自克扣供货商结算货款；⑥ 零售商必须严格按照合同约定的结算方式、时间及地点与供货商进行货款结算,规范履约行为。比如在合同中明确结账日期的起止时期,不得压榨供应商的货款作为企业融资的渠道阻碍商品流通,不得故意拖延结算。②

之后,成都市、杭州市、重庆市、沈阳市也相继制定有关通道费的规制政策。从这些地方性的规定来看,地方政府在一定程度上认可对通道费的收

---

① 上海市商业委员会,上海市工商行政管理局.关于规范超市收费的意见(沪商委〔2002〕210号)[E]. http://scjss.mofcom.gov.cn/aarticle/as/200504/20050400069518.html.

② 北京市商业委员会,北京市工商行政管理局.关于规范商业零售企业进货交易行为有关问题的通知[J].全国商情·商业经理人,2002(9):5-6.

取,但也禁止一些与销售无关的费用,比如新店开业费、店铺装修费、店庆费、赞助费等。这些政策规定在一定程度上约束了零售商滥用优势地位的行为,对维护公平有序的市场交易秩序产生了积极作用。

2. 国家层面

随着社会对通道费关注度的提高,2006 年 10 月,国家商务部、发改委、公安部、税务总局、工商行政管理总局五部委联合下发《零售商供应商公平交易管理办法》。《办法》共 26 条,详细规定了零售商被禁止的各种行为和违反规定的处罚。有关通道费的条文总结如下:①

第一,禁止零售商滥用优势地位从事以下行为:① 与供应商签订特定商品的供货合同,双方就商品的特定规格、型号、款式等达成一致后,又拒绝接收该商品。但具有可归责于供应商的事由,或经供应商同意、零售商负责承担由此产生损失的除外;② 要求供应商承担事先未约定的商品损耗责任;③ 事先未约定或者不符合事先约定的商品下架或撤柜的条件,零售商无正当理由将供应商所供货物下架或撤柜的;但是零售商根据法律法规或行政机关依法作出的行政决定将供应商所供货物下架、撤柜的除外;④ 强迫供应商无条件销售返利,或者约定以一定销售额为销售返利前提,未完成约定销售额却向供应商收取返利的;⑤ 强迫供应商购买指定的商品或接受指定的服务。

第二,禁止零售商直接或间接收取以下费用:① 以签订或续签合同为由收取的费用;② 要求已经按照国家有关规定取得商品条码并可在零售商经营场所内正常使用的供应商,购买店内码并收取费用;③ 向使用店内码的供应商收取超过实际成本的条码费;④ 店铺改造、装修时,向供应商收取的未专门用于该供应商特定商品销售区域的装修、装饰费;⑤ 未提供促销服务,以节庆、店庆、新店开业、重新开业、企业上市、合并等为由收取的费用;⑥ 其他与销售商品没有直接关系、应当由零售商自身承担或未提供服务而收取的费用。

---

① 中华人民共和国商务部.零售商供应商公平交易管理办法(商务部 2006 年第 17 号令)[E].2006.http://www.mofcom.gov.cn/aarticle/swfg/swfgbh/201101/20110107352488.html.

第三,禁止零售商以下原因延迟支付供应商货款:① 供应商的个别商品未能及时供货;② 供应商的个别商品的退换货手续尚未办结;③ 供应商所供商品的销售额未达到零售商设定的数额;④ 供应商未与零售商续签供货合同;⑤ 零售商提出的其他违反公平原则的事由。

第四,若发生以下情形供应商有权拒绝退货:① 供应商的个别商品未能及时供货;② 供应商的个别商品的退换货手续尚未办结;③ 供应商所供商品的销售额未达到零售商设定的数额;④ 供应商未与零售商续签供货合同;⑤ 零售商提出的其他违反公平原则的事由。

可见,《办法》几乎禁止了除"促销服务费"外的一切通道费用。《办法》出台后,为适应相关规制,零售业通道费结构大为精简。早期的通道费包括条码费、进场费、堆头费、货架费、销售保底费、促销服务费、折扣促销费、销售返利、节庆费、店庆费、新店开业费、合同(续签)费等各种名目繁多的费用,而《办法》出台后,业界在"明面上"收取的费用只有端头费、堆头费、海报费等"促销服务费"。但《办法》并没有收到预期效果。上海商情中心发布的《2007年供应商满意度调查报告》表明:"超过九成的供应商认为《零售商供应商公平交易管理办法》对通道费现象没有发挥应有的规制效果,与2006年同期相比,2007年零售商向供应商收取的通道费反而增加"。巫景飞、李骏阳(2008)通过对业界的问卷调查,也发现或是由于"上有政策,下有对策",或是零售商根本对《办法》视而不见,《办法》已经失效[①]。

7.2 国内通道费规制存在的问题

《零售商供应商公平交易管理办法》没有起到预期效果的原因是多方面的。客观上说,由于通道费已经固化为一种商业模式,具有相当的制度惯性,"上有政策,下有对策"的情况一定会发生,对其规制本身就是困难的。

---

① 巫景飞,李骏阳.《零售商供应商公平交易管理办法》有效性分析与经济学反思[J].商业经济与管理,2008(11):14-20.

但是，就有关通道费的规制体系来说，也存在一些明显的问题，集中体现在规制主体不明确，以及规制的法律依据不健全。

7.2.1 通道费规制主体缺失

在流通领域中，政府失位是一个常见问题。这主要是因为在某些问题上，政府职能部门权责不明，各部门之间界限不清，难以在各司其职的基础上相互配合，从而造成监管或规制的不力。具体到《零售商供应商公平交易管理办法》，该《办法》是由商务部、发改委、公安部、税务总局、工商行政管理总局等五部委联合下发的，但该办法在实际实施过程中却没有一个具体的、明确的执法部门。同样，以上五部委还于2011年联合开展了大型零售企业向供应商违规收费专项清理整顿工作，但在日常交易中，对于零售商有关通道费的各类违法违规行为，供应商却没有畅通有效的反映渠道。事实上，如果供应商认为零售商的收费行为违反了《办法》，唯一的申诉渠道是直接到法院起诉。而法院起诉的费用成本、时间成本和不确定性，使得大多供应商只得放弃维权。可见，由于规制主体的缺失，零售商供应商的公平交易关系无法得到有效的监管，供应商对于零售商的压榨没有有效的维权渠道，零供交易中的违法违规问题自然就无法得到遏制。

7.2.2 通道费规制法律依据不健全

通道费规制分为两个层次的问题：一是对通道费相关市场行为的规制，二是对通道费本身的规制。这两个层次规制的法律保障尚不完备，具体问题如下：

1. 通道费相关市场行为的法律约束缺乏针对性

根据我们对零供交易环节的实地调研，发现通道费相关违规、违法行为主要存在如下三类：

（1）商业贿赂或场外交易。在通道费模式下，必然存在为了通道费费率高低的场外交易,即供应商为了获得更低的扣点或更好的陈列,而对零售企业相关人员(主要是采购系统负责人)进行商业贿赂。永辉超市张轩松曾说"中国零售业发展的核心问题是腐败",通道费模式下的商业贿赂之普遍可见一斑。

(2) 零供合同语焉不详。零供交易合同文本语焉不详、存在"潜规则"是零售业的普遍现象。比如,合同文本在关于"保底"的约定上,普遍存在这样的条款:"甲乙双方约定,乙方在甲方年度销售额(　　)万元以内,在达到销售额时,乙方按照(　　)％直接冲抵货款"。显然,该条款只约定了当销售额达标时的扣点率,而当销售额未达标时的扣点却没有说明。但零售商会在签合同时口头告知供方,"(　　)万元以内"中的销售额就是保底,当未达到保底销售额时即按该保底进行扣点。出现这种情况的原因是,《零售商供应商公平交易管理办法》明确规定"保底"是违规的,为了规避规制,零售商便普遍制定了这种语焉不详的合同文本。

(3) 零售商以中断交易为要挟,进行事后或合同外收费,或拖欠、克扣供应商货款。零售企业相关人员利用手中权力要挟供应商的情况在现实中极为常见,一旦双方在诸如扣点、账期、陈列、海报等问题上出现冲突,零售商往往通过"封码"、清退等手段逼迫供应商就范。零售商"滥用市场势力"在这一点上体现得淋漓尽致。

对于零售商的上述市场行为,现有法律已经对其违法性做出了明确规定。对于商业贿赂,《反不正当竞争法》在第八条明确规定:单位或个人在账外暗中收受回扣的,以受贿论处。对于合同文本语言不详,《合同法》第十四条明确规定:要约内容须具体确定。而对于零售商以中断交易为要挟,提出各种不合理要求,《反垄断法》第十七条明确规定:禁止具有市场支配地位的经营者滥用市场支配地位。其中,滥用市场支配地位的行为包括"没有正当理由,拒绝与交易相对人进行交易""没有正当理由,在交易时附加不合理的交易条件"。由此可见,零售商常见的不合理的市场行为都是违法行为。然而,这些违法行为在很大程度上已成为整个行业的"潜规则"。零售商这类违法行为少有被依法制裁的原因在于,上述法律的适用性较广,但对于零供交易关系的针对性不强,加之市场参与者法律知识和法律意识的缺失,这种普适性法律难以在实际操作中对零售商违法违规行为形成有效震慑或约束。

2. 对收费行为本身的规制办法缺乏效力

到目前为止,有关通道费规制的全国性文件仅有《零售商供应商公平交易管理办法》。该办法虽有商务部等五部委联合下发,但本身并非"法律"或"行政法规",其法律效力有限。2013年北京金天坛食品公司和物美超市的纠纷清晰地印证了这一点。

2013年,北京金天坛食品有限公司因物美超市收取的通道费数额巨大,且收费合同语焉不详,将其告上法庭。当该公司拿着相关部门发布的《零售商供应商公平交易管理办法》《清理整顿大型零售企业向供应商违规收费工作方案》提供给法官时,却被当头浇了一盆冷水。法官表示,这只是一个行业的规章制度,还不能说是法律法规,所以法院无法给予认可,即不能根据有关规章将物美的收费定性为违规收费并要求返还。无奈之下,金天坛公司接受了法院的调解协议①。可见,五部委发布的《办法》是缺乏法律效力的,无法成为法院判决的依据。在一定意义上,该《办法》只是监管方自上而下地就通道费问题进行"清理整顿"的制度工具。在通道费监管、规制和约束上,相关法律法规的缺失问题已然十分突出。

7.3 通道费规制的对策建议

本书将从健全规制主体、实施选择性规制,以及鼓励和引导转型三个方面就通道费问题给出对策建议。

7.3.1 健全规制主体

要解决通道费规制中的"九龙治水"问题,必须要明确通道费的规制主

---

① 见2013年10月29日央视财经频道"经济半小时"《聚焦流通困局,进不去的超市》节目。

体。我们认为,在通道费的规制和零供交易的监管上,可以考虑设立诸如"公平贸易委员会"这样的监管机构。"公平贸易委员会"是发达的市场经济国家为保证高效、有序的竞争环境而专门设立的监管机构,如美国的联邦贸易委员会(FTC)、德国的联邦卡特尔局、法国的全国竞争委员会、日本的公平贸易委员会等。这类机构的特点是独立性强、权威性高。以日本为例,日本的公平贸易委员会具有行政立法权和准司法权,其中,准司法权是指公平贸易委员会可以对有关案件进行独立判决,如著名的"三越事件""罗森事件"都来自日本公平贸易委员会的判决。由此可见,如果设立类似于"公平贸易委员会"这样的监管结构,则能够对零售商的违法违规行为起到巨大的震慑作用,从而在相当程度上改变零售商利用渠道优势欺压供货商的现状。

近年来,为了更好地监管滥用市场支配地位等垄断行为,我国已对反垄断执法领域进行了大刀阔斧的改革。2018年,我国将多年来分散在商务部、发改委、工商总局的反垄断执法机构合并,统一归属在国家市场监督管理总局,并设反垄断局集中组织实施反垄断各项工作。但是,具体到本书研究的通道费问题,零售商相关违法违规行为并不完全体现在垄断协议、滥用市场支配地位或经营者集中等垄断行为上,还包括合同语焉不详等其他问题。因此,反垄断局可能还无法完全解决实体零售领域的违规交易问题。因此,"公平贸易委员会"这类监管机构还是有其必要性、合理性的。事实上,反垄断局和公平交易监管结构的并行不矛盾,美国同时就拥有反托拉斯局和联邦贸易委员会两大反垄断机构并运转良好。当然,设立这样一个独立的交易监管机构是一个庞大的系统工程,并非短期内能完成。并且,公平贸易委员会形式的市场监管模式是否符合中国国情,仍需要进一步论证。但无论如何,明确通道费及其相关问题的规制主体,解决各监管部门职能权责不明的问题,是有效处理通道费引发的零供矛盾的必要条件。

7.3.2 实施选择性规制

早期的通道费研究多将通道费视为"滥用市场势力"的行为,如吴小丁

(2004)认为通道费就是零售商"在买方垄断条件下的'优势地位滥用'行为",是一种典型的"市场失灵"①。而在《零售供应商公平交易管理办法》颁布之后,零售商的后台费用结构大为精简,针对各类通道费的专门研究日益丰富,并发现各类通道费都有特定的收费机理,如保底返利是规避销售风险的手段,新品费是信息甄别的工具等。在这个意义上,通道费并不等同于"滥用市场支配地位",而是有一定的合理性。加之通道费在一些西方国家是合法的,学术界和零售业界由此形成一种声音,即通道费有其固有的收费逻辑,且符合"国际惯例",因此,零售商收取通道费是一种市场行为,政府不宜进行直接的干预。

但是,上述观点和逻辑是不能够说服人的。一方面,通道费的收费机理是否"合理"不应是规制与否的主要评判标准,判断通道费是否应受到规制应取决于通道费是否提高了价格、降低了消费者福利、排挤了上游供应商或同业竞争对手;另一方面,中国市场情境下的通道费与国外通道费有着明显差异,不应将欧美在通道费上的规制策略照搬到中国来。因此,有必要根据现有理论研究成果,对各类通道费用提出具体的规制建议。

1. 新品费

根据已有研究,新品费是零售商区分商品优劣、解决工商之间信息不对称,以及零供风险共担的手段,诸如此类的收费机制决定了新品费的福利效应是积极的。另外,在有些情况下,新品费是供应商主动提供的。如果规制了新品费,则对于供应商,限制了其将自身产品区分出来的手段;对于零售商,独自承担了产品"失败"的风险;对于消费者,增加了购买到低劣商品的可能性。因此,新品费的合理性应在规制工作中予以体现。

2. 优质货架费

优质货架费的收费流程是,供应商首先根据自身需求申请"上海报"或"上端头",进而零售商根据自身对商品销售的判断决定挑选哪些"海报商品"或"端头商品",且每期海报或端头是明码标价的。可见,优质货架费实

---

① 吴小丁.大型零售店"进场费"与"优势地位滥用"规制[J].吉林大学社会科学学报,2004,(5):119-125.

际上是一种"广告位费",它是零供之间在商品买卖之外的另一类交易,即零售商作为卖方为供应商提供服务,供应商作为买方支付相应的报酬。在这个意义上,优质货架费只是零售商的一笔"其他业务收入",是否应将其纳入"通道费"的范畴都是值得商榷的。另外,学者们对优质货架费福利效应的研究有着相容的结论,即只要优质货架能够提高产品的市场容量,就具有积极的福利效应。因此,优质货架费或促销服务费不应受到规制。

3. 合同费

合同费(或合同续签费)是被广为诟病的一类通道费用。因为在这类费用上,零售商没有为合作伙伴提供任何服务,而凭借市场力量强行收取的费用。但如果换个角度,"代理费"或"特许费"也是如此,为什么这类费用一直大行其道且毫无争议呢?原因在于,代理费在技术上消除了双重加价,提高了渠道利润和消费者福利。而"合同费"恰好相反,它提高了商品价格,降低了消费者福利。在这个意义上,合同费应该受到规制。

4. 销售返利

销售返利是零售商后台收入的最主要来源,也是"通道费"的代名词。由于该费用存在一个"保底返利额",因此,零售商总可以实现"旱涝保收",供应商却需支付一笔"下有保底、上不封顶"的返利。这一收费模式将零售商的市场力量展现得淋漓尽致,因此也广受诟病。在经济后果上,这一销售返利提高了价格,挤占了供应商利润,降低了福利水平,是一种纯粹"损人利己"的机制设计。可见,对于销售返利,无论是从收费逻辑的角度,还是从经济后果的角度,都应受到严厉规制。但是,由于这种保底返利只是零售商在市场势力较大、运营能力较低情况下的阶段性选择,随着"渠道为王"时代的过去,零售企业会主动放弃这一收费模式,并且现实中已经开始摒弃这一行为的盈利模式的转型,因此,政府在这类问题上应采取规制收费和引导转型并重的办法。

在对各类具体通道费用的规制中,有一点需特别注意,即零售商可能会通过改变费用的名目来规避规制。这种情况在当下已经发生,根据《零售商供应商公平交易管理办法》,只有促销服务费是被明确允许收取的,为了规避《办法》的规制,零售商会制定两套费用科目表,其中一套为内部使用,另一套用于公开账目,用于公开账目的费用科目表由"促销服务费1""促销服务费2""促销服务费3"等科目构成,但它们实际上对应着"合同费""保底返利"等被明令禁止的收费科目。相应的条文制定工作应充分注意这一问题,确保政策的可操作性。

最后,由于《零售供应商公平交易管理办法》作为行业的规章制度,其法律效力不足的问题已充分暴露,后续出台的文件要确保具备一定的法律效力。商务部启动的《零售商供应商公平交易管理条例》立法工作是对这一要求的有力回应。但该《条例》自2015年开始酝酿,至今仍未出台,而理论研究滞后,立法依据不足或是重要原因之一。

7.3.3 鼓励引导转型

现实中,零售企业盈利模式的转型来源于外部压力和内部动力。其中外部压力来源于渠道垄断地位的丧失带来的市场力量的下降,从而使既有的后台费水平难以维系;内部动力则来源于运营能力的改善,这使得在一定条件下摒弃通道费模式更加有利可图。下文将从这两个方面讨论政府应如何引导和鼓励零售企业盈利模式转型。

1. 弱化零售企业市场力量

这里从渠道权力来源的角度考虑如何削弱零售商的市场力量。在案例分析中提到,渠道成员的渠道权力来源于其他渠道成员对其的"依赖"。而"依赖"本身又取决于两个因素:一是交易对象能够给自己带来的效用(利润),二是交易对象的稀缺性(Kim 和 Hsieh,2003[①];张闯、夏春玉,2005[②])。从推动零供之间的依赖程度此消彼长出发,我们给出如下两个政

---

① Kim S K, Hsien, P. Interdependence and Its Consequences in Distributor-Supplier Relationships: A Distributor Perspective Through Response Surface Approach[J]. *Journal of Marketing Research*, 2003, 40(4): 101-112.

② 张闯,夏春玉. 农产品流通渠道:权力结构与组织体系的构建[J]. 农业经济问题,2005, (7): 28-35.

策建议：

第一，促进供应商行业协会或销售联盟的建立。这类行业组织将从两个方面提高零售商对供应商的依赖程度：第一，行业组织较之单个供应商，拥有更大的市场份额，因此，行业组织作为一个整体能够给零售商带来较大的利润；第二，如果供应商广泛建立了行业组织，那市场中可供零售商选择的交易伙伴就将大大减少，这提高了供应商的稀缺性。因此，行业组织的建立能够从交易量和稀缺性两个角度提高零售商对供应商的依赖程度，从而提高供应商的议价能力。在2003年的"家乐福炒货风波"中，上海炒货协会的介入最终使家乐福做出了一定程度的让步，生动地体现了行业协会在提高供应商议价能力上的作用。

第二，引导供应商充分利用网络平台、移动终端等新型营销手段，拓宽销售渠道。零售商之所以能够拥有巨大的市场力量，就是因为占据了销售渠道。用零售企业经营者自己的话说，供应商是"求着超市给他们卖东西"。但现在情况有了变化，电子商务的发展已使得零售商不再拥有绝对的渠道地位。政府要做的是，激励供应商采取多渠道销售，降低对实体零售商的依赖，从而提高自身的议价能力。

需要强调的是，这里给出的"提高供应商议价能力"策略主要目的不在于增加供应商能够分得的渠道利润，而在于降低零售商通道费盈利模式的收益，从而激励零售商的模式转型。

2. 引导零售商提高运营能力

一般来说，零售商的运营能力由两个因素决定：一是硬件设施的好坏和技术水平的高低；二是营销能力，主要是品类管理能力的高低。基于此，有关部门可以从以下方面着手：① 对零售企业改善硬件设施的各种投入予以支持，如支持零售企业增加收银台、增加购物班车、新建停车场、修建儿童乐园等；② 引导零售企业运用现代信息技术，探索线上线下融合发展；③ 鼓励企业开展职业"买手"、品类管理等业务培训，提升人才队伍专业素质。总之，有关部门应从"硬件"和"软件"两个方面，引导零售企业提高自身运营能力，从而回归传统零售，将自身从商品销售的通道转变为既分销商品，又提供服务的零售组织。

另外,在操作层面,可以考虑从以下两个方面为零售企业的转型提供直接的支持。一是协调有关部门出台商贸流通企业融资支持政策,为企业发展和转型升级提供必要的资金保障。零售企业之所以选择通道费模式,一个重要原因是其资金无法支撑全品类的即时付款,另外,从提升企业运营能力的角度,无论是更换设备还是业务培训,都需要资金支持,因此,畅通的融资渠道是零售企业转型的重要条件。二是要及时关注零售业的新动向,总结和推广零售企业模式转型的典型案例。零售企业盈利模式的转型不是一蹴而就的,它是一个庞大的系统工程,而典型案例的推广将有助于企业坚定转型信心,并做好转型过程中的具体工作。

最后,推动零售企业加快技术应用,提升硬件设施,培育商品买卖核心能力,实施盈利模式转型,不仅关系到零售行业的健康发展和工商关系的和谐,也是培育具有全球竞争力的现代流通企业、建设现代流通体系的重要内容。试想,如果国内零售企业总依赖渠道优势收取通道费维持生存,缺乏基本的商品采购、品类管理、市场推广能力,是无法真正成长为具有行业竞争力的零售企业的。国内零售企业经历了二十余年的发展,却仍然"做不大、做不强、出不去、走不远",国际化零售集团空缺,也印证了这一点。零售业是否能够真正做到提升核心能力,回归零售本质,事关现代流通体系建设的微观基础是否牢靠,事关构建"以国内大循环为主体,国内国际双循环相互促进的新发展格局"的大局,必须引起高度重视。

7.4 本章小结

本章首先讨论了国内外通道费问题的规制经验,发现国外通道费规制力度不一,其中,美国的通道费规制环境较为宽松,日韩对通道费的规制相对严格,国内通道费规制难言成功,《零售商供应商公平交易管理办法》已经失效。其次,从规制主体缺失、规制法律依据不健全两方面说明了国内通道费规制存在的问题。在此基础上,围绕健全规制主体、实施选择性规制、鼓励引导转型三个方面阐述了通道费问题的对策建议。其中,零售企业实施盈利模式转型,回归零售本质,不仅是解决通道费问题的有效出路,也是培育具有全球竞争力的现代流通企业的必由之路,是现代流通体系建设的应有之义。

第 8 章 基本结论及研究展望

本章总结本书的基本结论、研究局限性及进一步研究的方向。

8.1 基本结论

本书在对通道费前因后果的研究过程中,得到了以下四个方面的结论:

第一,关于通道费的定义。

"通道费"是什么是理论界首先需要界定的问题。通过对业界的实地调研和对已有研究的归纳总结,本书将中国市场情境下的通道费定义为"以超市为代表的传统零售商收取的后台毛利",它在形式上包括但不限于国外文献中的通道费,在实质上与国内零售业特有的盈利模式相对应。该定义一方面将百货业收取的租金排除在通道费范畴之外,另一方面将通道费的外延由国外文献中的一次性进场费扩展为国内零售商的后台费。而在后台费的费用结构上,我们根据实际情况将业内后台费归纳为新品费、合同费、优质货架费、销售返利四种。并且,通过文献回顾发现,新品费和优质货架费的研究已趋于成熟,而销售返利和合同费仍有待研究。这些为通道费后续研究的方向提供了参考。

第二,关于通道费的形成机理。

通道费饱受诟病的重要原因之一是,它被视为零售商"滥用市场支配地位"的体现。现实中确实存在通道费相关的滥用市场势力的行为,如索取商业贿赂、订立违规的通道费合约等,但通道费本身是有特定的收费逻辑,且不同种类的通道费的收费逻辑也不尽相同。我们发现,销售返利是零售商规避销售风险的一种手段,且零售商不会恒定地选择收取销售返利:当零售商的市场力量较小、运营能力较强,且商品质量较高、需求不确定性较小、交易成本较低时,零售商就会摒弃销售返利这一主体通道费用,从而实现盈利模式的转型。而合同费是零供双方分割交易收益的工具,当零售商的市场力量足够大时,就能够获得一笔合同费,并且,零售商不会主动放弃这笔费用,这解释了"通道费"在欧美国家长期存在的现象。另外,虽然销售返利和合同费有着不同的收费逻辑,但它们存在的土壤是相似的。根据本书的模型推演,无论是销售返利还是合同费,都倾向存在于零售商拥有较大的市场力量,且商品对分销服务较为敏感的市场环境中。这解释了为什么休闲食品、调味品等品类中零供关系十分紧张,而日化产品等品类中零供关系较为和谐。总之,通道费是零售商基于自身条件和外部环境做出的理性选择,且由于零售商的自身条件或外部环境的好坏都是相对的,它以品类或供应商的变化为转移,因此,通道费在不同品类上的分布是有差异的。

第三,关于通道费的福利效应。

虽然通道费本身有特定的收费逻辑,与零售商"滥用市场支配地位"没有直接关系,但这不代表通道费不会影响社会福利。通过本书的模型分析发现,无论是销售返利,还是合同费,都挤压了供应商利润,提高了零售价格,损害了消费者福利。通过实证研究发现,在通道费普及后,商品零售价格指数的数据生成机制发生了变化,开始随时间线性增长,供应商利润也出现了明显的下降,我们甚至发现通道费的普及使供应商的利润损失了约1.3个点。因此,通道费总体上是一种"损人利己"的市场行为,具有消极的福利效果。在这个意义上,通道费应该受到政府规制。

第四,关于通道费的规制策略。

在明确规制主体、确保规制条文法律效力的基础上,对各类通道费用需实施选择性规制。对于新品费、优质货架费,由于这类费用有着合理的收费机制和积极的福利效果,相关法律法规应明确这类费用的合理性、合法性。而对于合同费这类与国外通道费相仿的费用,由于其带来消极的福利效应,且零售商不会主动放弃这类费用,政府应对其明令禁止。而对于销售返利,虽然这类通道费也是典型的"损人利己"的机制设计,但由于它只是零售商在市场力量较大、运营能力较低时的阶段性选择,且当下零售业界已开始摒弃这类费用的盈利模式,实施转型,因此可以实施规制收费和引导转型并重。

总之,零售商通道费这一市场行为虽然有合乎情理的收费逻辑,但它根源于零售商的市场力量,带来了消极的福利效果。政府在通道费问题上总的策略应是规制收费和鼓励转型并用,推动国内零售业培育核心能力,回归零售本质。

8.2 研究展望

本书对国内零售业通道费的研究,在总体上是用现代经济学的方法论研究中国的本土问题。由于这一研究范式在商业经济学领域尚不成熟,加之经济现象的复杂性,本书对通道费问题的原创性研究仍有一定的局限性,在将来的研究中可以从以下三个方面着力:

第一,由于专注于零售商通道费对渠道上下游的影响,本书的模型没有纳入零售商或供应商的横向竞争。而横向竞争在直观上也会影响零售商的收费行为,从而影响社会福利。例如,零售商之间由于市场势力的差异,能够获得的费用额度也有所不同,拥有较大市场势力和高额后台收入的零售商,在价格上拥有更大的回旋余地,而这又将使其市场势力进一步强化。因此,当考虑横向竞争时,通道费可能会带来排他效应。如果考虑供应商之间由于市场势力的差异而交纳不同额度的费用,也存在类似的机制。相应地,通道费下的社会福利的损益也会有所不同。因此,横向竞争的存在必然会对零售商的收费行为产生影响。而影响的机理是什么,最终的福利效果是什么,还有待进一步研究。

第二,由于合同费与国外文献中的"通道费"为同一概念,而销售返利是本土零售业特有的市场行为,因此,这两类通道费研究有着截然不同的理论积淀。加之两类费用有着不同的收费逻辑,我们无法将这两类费用纳入同一个研究框架或理论模型中。这使得两个通道费模型之间无法进行较深入细致的比较。例如,虽然我们得出了两类通道费都根源于"市场力量"的结论,但"市场力量"在两个模型中的量化指标是不同的。在销售返利模型中,市场力量通过零售商能够获得的"保底率"来量化;而在合同费模型中,"市场力量"就是纳什谈判下的讨价还价能力。由于这两个指标相互间不可比,我们无法得出诸如"当零售商市场势力处于某个区间时,其销售返利和合同费收取情况"的结论。这削弱了本书模型的解释力。因此,统一不同通道费用的研究范式,也是未来进一步研究的方向。

第三,本书虽然研究了所谓的"通道费模式",但在研究过程中并没有囊括该模式的所有要素。实际上,"通道费模式"是以收取后台费用为核心的,同时包括账期机制和退货机制的零售业运营模式。如何在研究通道费问题时,纳入账期机制和退货机制,从而对"通道费模式"进行完备的经济学研究,仍是一个艰巨的任务。

参考文献

[1] Armstrong M. Competition in Two-sided Markets[J]. *Rand Journal of Economics*, 2003, 37(3): 668-691.

[2] Baake P, von Schlippenbach V. The Impact of Upfront Payments on Assortment Decisions in Retailing[J]. *Review of Industrial Organization*, 2014, 44(1): 95-111.

[3] Betancourt R. *The Economics of Retailing and Distribution*[M]. Northampton: Edward Elgar Publishing, 2004.

[4] Bloom N P, Gundlach G, Cannon J. Slotting Allowance and Fees: School of Thought and the Views of Practicing Managers[J]. *Journal of Marketing*, 2000, 64(2): 92-108.

[5] Bowersox, Cooper M. *Strategic Marketing Channel Management*[M]. New York: McGraw—Hill Education, 2004.

[6] Box G, Jenkins G and Reinsel G. *Time Series Analysis, Forecasting and Control 4th*[M]. New York: Wiley, 2008.

[7] Brown R, Durbin J, Evans M. Techniques for Testing the Constancy of Regression Relationship over Times[J]. *Journal of Royal Statistical Society*, 1975, 40(2): 149-192.

[8] Cambell D T, Stanley J C. *Experimental and Quasi-experimental Design for Research*[M]. Chicago: McNally, 1966.

[9] Caprice S, von Schlippenbach V. One-stop Shopping as A Cause of Slotting Fees: A Rent-shifting Mechanism[J]. *Journal of Economic and Management Strategy*, 2013, 22(3): 468-487.

[10] Chen Y, Riordan M. Price and Variety in the Spokes Model[J]. *The Economic Journal*, 2007, 117(522): 897-921.

[11] Chen Z. Dominant Retailers and the Countervailing-power Hypothesis[J]. *The Rand Journal of Economics*, 2003, 34(4): 612-625.

[12] Chow G. Tests of Equality between Sets of Coefficients in Two Linear Regressions[J]. *Econometrica*, 1960, 52: 211-222.

[13] Chu W. Demand Signaling and Screening in Channels of Distribution[J]. *Marketing Science*. 1992, 11(4): 327-347.

[14] Coughlan T. *Marketing Channels. 6th* [M]. Beijing: Tsinghua University Press, 2001.

[15] Deloitte, Touche. *Managing the Process of Introducing and Deleting Products in the Grocery and Drug Industry* [M]. Washington, DC: Grocery Manufacturers of America, 1990.

[16] Desai S P. Multiple Messages to Retain Retailers: Signaling New Product Demand[J]. *Marketing Science*, 2000, 19(4)381-389.

[17] Dixit K A. *Optimization in Economic Theory* [M]. Oxford: Oxford University Press, 1990.

[18] Eisenhardt K, Graebner M. Theory Building and From Cases: Opportunities And Challenges[J]. *Academy of Management Journal*, 2007, 50(1): 25-32.

[19] Foros Ø, Kind H J, Sand J Y. Slotting Allowances and Manufacturers' Retail Sales Effort[J]. *Southern Economic Journal*, 2009, 76(1): 266-282.

[20] Grossman S J, Hart O D. the Costs and Benefits of Ownership: A Theory of Vertical and Lateral Integration[J]. *Journal of Political Economy*, 1986, 94(4):691-719.

[21] Hagiu A, Wright J. Multi-sided platforms[J]. *International Journal of Industrial Organization*, 2015, 43(11): 162-174.

[22] Hart O D, Moore J. Incomplete Contracts and Renegotiation[J].

Econometrica, 1998, 56(4): 755 - 785.

[23] Hoy M. *Mathematics for Economics*[M]. New York: W. W. Norton, 2010.

[24] Innes R, Hamilton S F. Naked Slotting Fees for Vertical Control of Multi-product Retail Markets[J]. *International Journal of Industrial Organization*, 2006, 24(2): 303 - 318.

[25] Innes R, Hamilton S F. Slotting Allowance and Product Variety in Oligopoly Markets[J/OL]. http://www.researchgate.net/publication/265082930.

[26] Innes R, Hamilton S F. Slotting Allowance under Supermarket Oligopoly[J]. *American Journal of Agricultural Economics*, 2013, 95(5): 1216 - 1222.

[27] Innes R, Hamilton S F. Vertical Restraints and Horizontal Control[J]. *Rand Journal of Economics*, 2009, 40(1): 120 - 143.

[28] Kelly K. The Antitrust Analysis of Grocery Slotting Allowances: The Precompetitive Case[J]. *Journal of Public Policy and Marketing*, 1991, 17(2): 187 - 198.

[29] Kim S K, Hsien, P. Interdependence and Its Consequences in Distributor-Supplier Relationships: A Distributor Perspective Through Response Surface Approach[J]. *Journal of Marketing Research*, 2003, 40(1): 101 - 112.

[30] Lafontain F. Exclusive Contracts and Vertical Restraints: Empirical Evidence and Public Policy[A]. Buccirossi, P. Handbook of Antitrust Economics[C]. MIT Press, 2008, 391 - 413.

[31] Lal R. Improving Channel Coordination through Franchising[J]. *Marketing Science*, 1990, 9(4): 299 - 318.

[32] Lariviere A M, Padmanabham V. Slotting Allowances and New Product Introductions[J]. *Marketing Science*, 1997, 16(2): 12 - 128.

[33] Levinsohn J, Petrin A, Poi B. Product Functions Estimation in

STATA Using Inputs to Control for Unobervables[J]. *STATA Journal*, 2003, 40(2): 113-123.

[34] Levinsohn J, Petrin A. Estimating Product Functions Using Inputs to Control for Unobservables[J]. *Review of Economic Studies*, 2003, 70(2): 317-341.

[35] Lucas A. Shelf Wars[J]. *Sales & Marketing Management*, 1996, 148(3), 12.

[36] Marx L M, Shaffer G. Slotting Allowances and Scarce Shelf Space[J]. *Journal of Economic and Management Strategy*, 2010, 19(3): 575-603.

[37] Marx L M, Shaffer G. Upfront payments and Exclusion in Downstream Markets[J]. *Rand Journal of Economics*, 2007, 38(2): 823-843.

[38] Miklós-Thal J, Rey P, Vergé T. Buyer Power and Intra-brand Coordination[J]. *Journal of the European Economic Association*, 2011, 19(4): 721-741.

[39] Mussa M, Rosen S. Monopoly and Product Quality[J]. *Journal of Economic Theory*, 1978, 18(2): 301-317.

[40] Rao R C, Srinavasan S. Why Are Royalty Rates Higher in Service-Type Franchises? [J]. *Journal of Economics & Management Strategy*, 1995, 4(1): 7-31.

[41] Rey P, Vergé T. The Economics of Vertical Restraints[A]. Buccirossi, P. Handbook of Antitrust Economics[C]. MIT Press, 2008, 391-413.

[42] Robert K Y. *Case Study Research: Design and Methods 5th* [M]. Thousand Oaks: SAGE Publications, 2013.

[43] Rochet C, Tirole J. Platform Competition in Two-sided Markets [J]. *Journal of the European Economic Association*, 2003, 4(1): 990-1029.

[44] Romano R E. Double Moral Hazard and Resale Price Maintenance[J]. *The Rand Journal of Economics*, 1994, 25(3): 455 - 466.

[45] Salop S. Monopolistic Competition with Outside Goods[J]. *Bell Journal of Economics*, 1979, 10(1): 141 - 156.

[46] Shaffer G. Slotting Allowance and Price Maintenance: a Comparison of Facilitating Practices[J]. *Rand Journal of Economics*, 1991, 22(1): 120 - 135.

[47] Shaffer G. Slotting Allowances and Optimal Product Variety[J]. *The B.E. Journal of Economic Analysis and Policy*, 2005, 15(1): 1 - 26.

[48] Spengler J. Vertical integration and antitrust policy[J]. *Journal of Political Economy*, 1950, 58(4): 347 - 352.

[49] Sullivan W. Slotting Allowances and the Market for New Products[J]. *Journal of Law and Economics*, 1997, 40(2): 461 - 494.

[50] Tirole J. *The Theory of Industrial Organization* [M]. Massachusetts: MIT Press, 1988.

[51] Winter R A. Vertical Control and Price Versus Nonprice Competition[J]. *The Quarterly Journal of Economics*, 1993, 108(1): 61 - 76.

[52] Zhuang, Guijun and Zhou Nan. The Relationship Between Power and Dependence in Marketing Channels: A Chinese Perspective[J]. *European Journal of Marketing*, 2004, 38(6): 675 - 693.

[53] 董春艳,张闯.渠道权力的作用结构与进场费的作用关系——基于中国家电渠道的案例研究[J].中国工业经济,2007,(10):119 - 126.

[54] 董春艳,张闯.政治经济框架下的进场费问题研究:理论模型与研究命题[J].财贸经济,2007,(7):113 - 120.

[55] 董丽丽.从家乐福现象看我国零供关系[J].北京工商大学学报(社会科学版),2011,(9):46 - 49.

[56] 董烨然.高级商业经济理论[M].北京:经济科学出版社,2010.

[57] 董烨然.通道费:大型零售商发掘市场效率的一种机制设计[J].财贸经济,2012,(3):94-102.

[58] 顾列铭.揭开家乐福"薄利"内幕[J].中国工商,2002,(10):22-24.

[59] 胡学庆."通道费"的界定、合理性及利弊分析[J].上海经济研究,2008,(08):50-56.

[60] 孔群喜,石齐.通道费的市场规制:基于弱自然垄断行业的解释[J].商业经济与管理,2010,(6):5-11.

[61] 李陈华,王庚.产品质量、议价能力与通道费[J].商业经济与管理,2019,(11):5-17.

[62] 李陈华,晏维龙,徐振宇,庄尚文.促销效果、最优促销安排及其福利效应——兼论通道费的补偿作用[J].商业经济与管理,2018,(02):5-15.

[63] 李陈华.零售商议价势力及其福利效应[J].财贸研究,2014,(1):61-69.

[64] 李飞,胡赛全,詹正茂.零售通道费形成机理——基于中国市场情境的多业态、多案例研究[J].中国工业经济,2013,(3):124-132.

[65] 李飞.中国百货店:联营还是自营[J].中国零售研究,2010,(1):1-19.

[66] 李骏阳.对收取通道费原因的分析——基于我国零售业的赢利模式研究[J].管理学报,2009,(12):1691-1695.

[67] 李骏阳.通道费与协调工商关系的机制研究[J].财贸经济,2007,(1):98-103.

[68] 李凯,李伟,马亮.买方抗衡势力条件下的特许费、通道费研究[J].产经评论,2016,7(01):35-49.

[69] 李伟,李凯.零售商买方势力一定会导致通道费吗?——基于纵向市场结构的合作博弈分析[J].产经评论,2014,5(06):92-103.

[70] 李玉峰,郑栋伟,陈宏民.基于返点机制的大型零售商通道费作用机制研究[J].经济经纬,2013,(3):101-106.

[71] 李玉红,王浩,郑玉歆.企业演化:中国工业生产率增加的重要路径

[J].经济研究,2008,(6):12-24.

[72] 林娜.通道费的经济学分析——基于转轨期间中国的案例[J].产业经济研究,2009,(06):80-87.

[73] 林毅夫.经济学研究方法与中国经济学科发展[J].经济研究,2001,(4):74-81.

[74] 刘海洋、汤二子.中国企业制造业利润来源及其作用:2005—2008[J].科学学与科学技术管理,2012,(3):140-148.

[75] 刘金全,金春雨,郑挺国.我国通货膨胀率动态波动路径的结构性转型特征与统计检验[J].中国管理科学,2006,(2):1-6.

[76] 刘磊,刘畅,乔忠.中日超市通道费盈利模式发展差异研究[J].中国流通经济,2012,(1):75-80.

[77] 刘向东,李子文,王庚.超市通道费:现实与逻辑[J].商业经济与管理,2015,(02):5-11.

[78] 刘向东,沈健.我国的通道费:理论发展与规制策略[J].管理世界,2007,(7):164-165.

[79] 刘向东,王庚,李子文.国内零售业盈利模式研究——基于需求不确定性的零供博弈分析[J].财贸经济,2015,(9):80-91.

[80] 鲁晓东、连玉君.中国工业企业全要素生产率估计:1999—2007[J].经济学季刊,2012,(1):541-558.

[81] 罗伯特·殷.案例研究设计与方法[M].周海涛译.重庆:重庆大学出版社,2010.

[82] 吕兆德,何子衡.上市公司年度盈余持续性影响因素研究[J].北京师范大学学报(社科版),2012,(2):121-129.

[83] 毛基业,李晓燕.理论在案例研究中的作用——中国企业管理论坛(2009)综述与范文分析[J].管理世界,2010,(9):106-113.

[84] 倪国忠.上海连锁业发展透视[J].上海商业,2001,(2):41-43.

[85] 邱力生,黄茜.试析通道费对国民经济运行安全的影响[J].财贸经济,2007,(07):121-126.

[86] 邱毅,郑勇军.商贸平台的垄断势力及垄断行为研究:基于通道费

的视角[J].商业经济与管理,2013,(7):11-19.

[87] 曲创,杨超,臧旭恒.双边市场下大型零售商的竞争策略研究[J].中国工业经济,2009,(7):67-75.

[88] 曲创,臧旭恒.供应商规模、产品差异与通道费定价策略[J].财经问题研究,2010,(12):36-39.

[89] 盛朝迅.基于业态变异视角的我国百货业盈利模式思考[J].商业经济与管理,2011,(2):14-20.

[90] 石齐,孔群喜.接入定价、渠道竞争与规制失败[J].经济研究,2009,(9):116-127.

[91] 石齐,孔群喜.消费网络性与专业零售商买方势力规制[J].中国工业经济,2009,(10):77-85.

[92] 石齐,岳中刚.大型零售商的双边市场特征及其政策含义[J].财贸经济,2008,(2):105-111.

[93] 宋则.筑牢现代流通体系高质量发展的微观基础[J].中国流通经济,2018,32(12):14-19.

[94] 孙晓华,田晓芳.企业规模、市场结构与创新能力[J].大连理工大学学报社科版,2009,(6):29-33.

[95] 汪浩.零售经济学引论[M].北京:北京大学出版社,2010.

[96] 汪浩.通道费与零售商市场力量[J].经济评论,2006,(1):29-34.

[97] 汪秋明.零售商主导的纵向约束:理论评述与政策含义[J].产业经济评论,2007,(6):95-103.

[98] 王庚,黄雨婷.零售商通道费的福利研究——基于时间序列和面板数据的实证分析[J].产业经济评论(山东大学),2016,15(4):96-121.

[99] 王庚.零售商通道费福利效应研究[J].当代财经,2016,(05):68-75.

[100] 王国顺,黄金.零售企业的盈利模式与价值链优化[J].北京工商大学学报(社会科学版),2012,(3):7-12.

[101] 王为农,许小凡.大型零售企业滥用优势地位的反垄断问题研究——基于双边市场的视角[J].浙江工商大学学报(人文社科版),2011,

(5):138-146.

[102] 王永培,袁平红.大型零售商收取通道费合理吗?——来自信号传递模型的解释[J].商业经济与管理,2011,(7):5-12.

[103] 王战.家乐福的营销战略[J].法国研究,2000,(1):129-134.

[104] 王振霞.我国食品价格波动原因及价格稳定机制研究[J].财贸经济,2011,(9):113-119.

[105] 文艳,赵奉军."进场费"对价格的影响与规制[J].价格月刊,2004,(2):19-20.

[106] 巫景飞,李骏阳.《零售商供应商公平交易管理办法》有效性分析与经济学反思[J].商业经济与管理,2008,(11):14-20.

[107] 吴宏.通道费问题比较研究[J].商业时代,2003,(15):13-15.

[108] 吴小丁.大型零售店"进场费"与"优势地位滥用"规制[J].吉林大学社会科学学报,2004,(5):119-125.

[109] 吴志艳,魏农建,谢佩洪.通道费在中国是显示市场势力还是促进市场效率?[J].上海对外经贸大学学报,2015,22(06):54-62.

[110] 夏春玉.流通、流通理论与流通经济学——关于流通经济理论(学)的研究方法与体系框架的构想[J].财贸经济,2006,(6):32-38.

[111] 叶浓.工商之间谁比谁牛[J].现代家电,2000,(2):58-59.

[112] 依绍华.我国超市通道费问题研究[J].价格理论与实践,2012,(04):20-21.

[113] 应珊珊,朱蓓,高洁.基于制造商投资和讨价还价模型的零售通道费形成机理研究[J].经济理论与经济管理,2016,(12):83-92.

[114] 岳中刚,石齐.通道费的规制失灵:基于双边市场的研究[J].商业经济与管理,2009,(9):5-10.

[115] 岳中刚,赵玻.基于双边市场的视角的通道费问题研究[J].山西财经大学学报,2008,(7):13-16.

[116] 岳中刚,赵玻.通道费与大型零售商盈利模式研究:基于双边市场的视角[J].商业经济与管理,2008,(8):3-9.

[117] 岳中刚.基于零售商主导的纵向约束研究述评[J].农业经济研

究,2008,(1):70-78.

[118] 岳中刚.通道费的规制困境:买方势力亦或市场规制[J].当代财经,2009,(7):77-81.

[119] 张闯,夏春玉.农产品流通渠道:权力结构与组织体系的构建[J].农业经济问题,2005,(7):28-35.

[120] 张皓翔,王庚.零售商的通道费问题研究综述[J].中国物价,2019,(06):87-90.

[121] 张杰,黄泰岩,芦哲.中国企业利润来源与差异的决定机制研究[J].中国工业经济,2011,(1):27-37.

[122] 张奎霞,郑成武.多业态市场情绪下我国零售通道费的形成机理分析[J].商业经济研究,2017,(06):14-16.

[123] 张赞,郁义鸿.零售商垄断势力、通道费与经济规制[J].财贸经济,2006,(3):60-65.

[124] 张赞.基于零售商垄断势力的纵向关系理论研究述评[J].财经问题研究,2007,(9):41-46.

[125] 郑栋伟,陈宏民,杨剑侠.基于谈判机制的优质货架与通道费[J].管理评论,2012,(1):99-107.

[126] 中国商业联合会.中国连锁超市通道费研究报告[J].中国商贸,2003,(2):1-5.

[127] 周勇.超市业的采购系统与进场费[J].商业现代化,2001,(11):11-14.

[128] 庄尚文,赵亚平.跨国零售商买方势力的福利影响及规制思路——以通道费为例的模型分析[J].财贸经济,2009,(3):113-118.